靜岡喔嗨喲!

作者◎Kayo

太雅

Welcome to

Shizuoka

006 作者序 & 關於作者
008 如何使用本書
010 編輯室提醒
011 日本對流行性傳染病防範政策
012 疫後需注意的通關規則

靜岡二三事

016 來靜岡必做的 10 件事
018 來靜岡必吃的 10 種美味
020 來靜岡必買的 10 大伴手禮
022 靜岡歲時記
026 達人的靜岡玩法
028 靜岡賞花推薦

1 靜岡交通與票券攻略

038 如何前往靜岡
045 靜岡縣內交通

2 最高信仰與藝術的泉源──富士山

064 發現富士山
066 24 處富士山最佳拍攝點
072 日本平
078 特別企劃 出發！日本平小旅行
079 三保
083 清水港
088 朝霧高原
092 登上富士山

3 城市漫遊散策

098 靜岡市
104 特別企劃 德川家康描繪的和平之都──靜岡
108 特別企劃 尋覓清水國民偶像──櫻桃小丸子之旅

114 三島
118 熱海
122 御殿場
126 特別企劃 大手牽小手的好去處——親子主題玩樂
130 特別企劃 東海唯一名城——掛川城下町散策

4 道地經典美食，吃得像個靜岡人

134 下班後的一杯，當地平民小酒場
138 新鮮直送漁港料理
145 不可錯過的人氣美食
152 特別企劃 帶回濃濃的靜岡精神——人氣伴手禮 TOP 3
153 特別企劃 旅遊外食這樣省——靜岡超市實況報導
155 特別企劃 愜意的午茶時間——品牌咖啡廳特搜

5 靜品一杯茶

160 靜岡茶魅力
162 深入產地，茶園之旅
166 市區哪裡喝

6 觀光鐵路遊靜岡

170 靜岡鐵道
176 大井川鐵道
184 天龍濱名湖鐵道
187 特別企劃 順遊行程——靜岡西部高人氣景點

190 特別收錄 用伊豆多利夢乘車券趴趴走
204 旅遊小錦囊

全書玩樂地圖

●靜岡縣全圖　013	●靜岡市玩樂地圖　099	●御殿場玩樂地圖　123
●哪裡看得到富士山呢？　065	●小丸子生活圈散策地圖　110	●伊豆多利夢乘車券
●三保玩樂地圖　079	●三島玩樂地圖　115	玩樂範圍地圖　192
●靜岡縣側富士山登山路線圖　093	●熱海玩樂地圖　119	

風和日麗，一起打開靜岡的一頁小旅行。

眺望象徵日本第一聖山的富士山，品嘗極富盛名的靜岡茶，欣賞茶園恬適風光，大快朵頤駿河灣海鮮盛宴。伊豆溫泉描繪著詩情畫意景色，搭乘當地鐵道電車緩慢前進，尋訪國民偶像櫻桃小丸子的故鄉……走過日本不同都市與鄉鎮，發現靜岡獨一無二的魅力，正是恰好的腳步與速度，搭配這城市剛剛好的溫度。

受到家人工作的影響，日本留學之路開啟我的靜岡生活。從日語學校、研究所、就職，看著富士山，在這片土地生活了 9 年。在靜岡鐵道任職這些年，除了靜岡鐵道集團相關部門以外，能與靜岡市政府、觀光協會、駿河灣渡輪、櫻桃小丸子主題館等最佳靜岡夥伴們一起推廣宣傳靜岡觀光，真的是非常榮幸。

可以來日本 (靜岡)，一路走到這裡，很感謝父親給我的全力支持。完成這本書是我可以為他留下的一點什麼。十年後我可能不會後悔當時辭掉一份工作，但會後悔留下了一個沒有完成的夢想，特別是因為我父親。感謝太雅出版社張芳玲總編的邀請，也非常感謝湘仔編輯與出版社的耐心等待，讓《靜岡喔嗨唷！》得以順利出版。

在富士山山腳下生活，可以與小丸子當鄰居，在靜岡的日子，是旅日生活中充滿回憶的一段幸福時光。現在也繼續透過「Kayo 日本慢活旅行提案」粉絲專頁，持續分享靜岡觀光資訊給正要出發的旅人，也與去過靜岡的旅人一起懷念靜岡的美好。

若我不在靜岡，可能是在往返靜岡的路上。

Kayo

Kayo

　高雄人，因父親工作常常出差靜岡，與靜岡結下不解之緣，立志成為最了解靜岡的外國人。靜岡縣立大學研究所碩士畢業後，在靜岡就職。靜岡就是第二個家鄉。

　任職於靜岡鐵道期間，與觀光單位致力推廣靜岡觀光，負責企劃並設計靜岡旅遊商品，常常策畫與接待部落客採訪團，最後自己也當起了小編。

　曾任職於鐵道公司、外國旅客訪日旅遊平台。目前成為自由工作者，協助日本地方縣市觀光局的觀光推廣與行銷工作，也擔任媒體寫手，繼續分享日本生活的點點滴滴。透過粉絲專頁持續分享觀光資訊給正要出發的旅人，也與去過靜岡的旅人一起懷念靜岡的美好。

【FB 粉絲專頁】Kayo 日本慢活旅行提案：www.facebook.com/kayoinshizuoka

如何使用本書

　　本書分為 8 個篇章介紹靜岡的各種風貌。〈靜岡二三事〉介紹靜岡的十大美食、十大伴手禮、文化慶典、行程規畫等，讓讀者對靜岡有初步的認識；〈靜岡交通與票券攻略〉接著詳細說明各種交通資訊、票券使用方法；後五個篇章〈最高信仰與藝術的泉源──富士山〉、〈城市漫遊散策〉、〈道地經典美食，吃得像個靜岡人〉、〈靜品一杯茶〉、〈觀光鐵路遊靜岡〉則詳細介紹靜岡食、行、樂各種面向的旅遊情報。最後，跟著〈特別收錄：用伊豆多利夢乘車券趴趴走〉的內容，來一趟美好、悠閒又划算的伊豆半島之旅吧！

精采專題

在哪裡可以看見富士山？如何吃得像個道地的靜岡人？想來趟鐵路之旅，沿途有哪些好吃好玩的呢？本書各篇章有不同的旅遊主題，深入介紹該主題的景點、店家、交通方式等詳細資訊，讓你出發絕對不會無所適從喔！

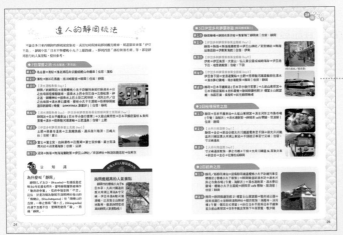

達人的靜岡玩法

到了靜岡後，該如何安排遊覽順序，才能在有限的時間內，走遍知名景點呢？跟著作者的建議，安排玩樂路線，還會詳細列出建議住宿的城市喔！

本書資訊符號

✉ 地址　　$ 價錢　　➡ 交通指引　　🕐 時間　　ⓜ mapcode　　🗺 地圖　　🎑 景點　　⚓ 港口　　✈ 機場　　🍴 美食

📞 電話　　http 網址　　⁉ 注意事項　　休 公休　　📷 instagram　　📍 地標　　🚉 車站　　🚌 巴士站

城市散策路線

收錄靜岡縣內4個知名城市的玩樂指南，靜岡市、三島、熱海、御殿場，好吃好玩的都在這裡！

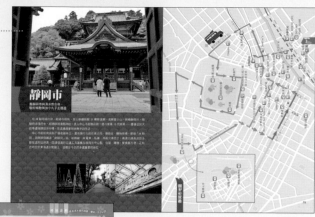

特別企劃

德川家康對靜岡的重要貢獻、櫻桃小丸子在靜岡清水區的可愛身影、適合親子同遊的好去處……透過各種主題的特輯，讓你更深入了解靜岡，提供不同的行程選擇。

旅遊小錦囊

靜岡旅遊的相關實用資訊統統有，匯兌、退稅、天氣、無障礙空間、住宿情報……出發前記得做好功課哦！

Kayo日本慢活旅行提案

貼心小提醒　假日巴士路線異動

　　若是購買靜岡鐵道電車巴士1日券，也可以搭乘駿府浪漫巴士，毋須另外計費。假日因吳服町街上實施「步行者天國」，交通管制、車子無法進入，改由從靠近青葉橫丁一帶的「昭和通」行經紺屋町，回到靜岡車站，提醒讀者注意。

豆　知　識

日本城郭建築名詞小百科

「巽」為東南方角，「櫓」為城上供防禦或瞭望的建築，常在城郭四周設置。「巽櫓」是當時駿府城東南角作為軍藥庫之處。

推薦餐廳「なすび」

　　距離靜岡鐵道新清水站步行約10分鐘，推薦品嘗使用靜岡食材製作創意日式料理的「なすび」(nasubi)。使用燒津、由比、用宗漁港最新鮮的海鮮，精選天然且稀少的南方鮪、由比櫻花蝦、用宗港吻仔魚、德川家康特贈不外傳的有東木山葵、清水折戶茄子等靜岡當地嚴選最優質食材，提供道道充滿靜岡故事的料理。

店家外觀　　烤味噌茄子

實用資訊小專欄

透過「豆知識」、「貼心小提醒」、「Kayo日本慢活旅行提案」實用資訊專欄，可在出發前了解相關須知、文化常識，還有景點、票券等重要資訊。時時謹記作者的小叮嚀，就能玩得一路順暢哦！

提供電子地圖 QR code，出發前先下載成離線地圖

　　手機讓旅行更便利，本書採用電子地圖，書中所介紹的景點、店家、餐廳、飯店，作者全標示於 Google Map 中，並提供地圖 QR code 供讀者快速掃描，找尋地圖上位置，並可結合手機上路線規劃、導航功能，幫助讀者安心前往目的地。

　　提醒您，出發前請先將本書提供的電子地圖下載成離線地圖，避免旅遊途中若網路不穩定或無網路狀態。若前往的旅行地，網路不發達，建議您還是將電子地圖印出以備不時之需。

出發前，請記得利用書上提供的通訊方式再一次確認

　　每一個城市都是有生命的，會隨著時間不斷成長，「改變」於是成為不可避免的常態，雖然本書的作者與編輯已經盡力，讓書中呈現最新的資訊，但是，仍請讀者利用作者提供的通訊方式，再次確認相關訊息。因應流行性傳染病疫情，商家可能歇業或調整營業時間，出發前請先行確認。

資訊不代表對服務品質的背書

　　本書作者所提供的飯店、餐廳、商店等等資訊，是作者個人經歷或採訪獲得的資訊，本書作者盡力介紹有特色與價值的旅遊資訊，但是過去有讀者因為店家或機構服務態度不佳，而產生對作者的誤解。敝社申明，「服務」是一種「人為」，作者無法為所有服務生或任何機構的職員背書他們的品行，甚或是費用與服務內容也會隨時間調動，所以，因時因地因人，可能會與作者的體會不同，這也是旅行的特質。

新版與舊版

　　太雅旅遊書中銷售穩定的書籍，會不斷修訂再版，修訂時，還區隔紙本與網路資訊的特性，在知識性、消費性、實用性、體驗性做不同比例的調整，太雅編輯部會不斷更新我們的策略，並在此園地說明。您也可以追蹤太雅 IG 跟上我們改變的腳步。

@taiya.travel.club

票價震盪現象

　　越受歡迎的觀光城市，參觀門票和交通票券的價格，越容易調漲，特別 Covid-19 疫情後全球通膨影響，若出現跟書中的價格有落差，請以平常心接受。

謝謝眾多讀者的來信

　　過去太雅旅遊書，透過非常多讀者的來信，得知更多的資訊，甚至幫忙修訂，非常感謝你們幫忙的熱心與愛好旅遊的熱情。歡迎讀者將你所知道的變動後訊息，善用我們提供的「線上回函」或是直接寫信來 taiya@morningstar.com.tw，讓華文旅遊者在世界成為彼此的幫助。

太雅旅遊編輯部

日本對流行性傳染病防範政策

新冠病毒（COVID-19）自 2020 年起延燒全球，截至 2022 年 6 月 5 日，日本國內確診總人數逼近 895 萬人，因為一開始「僅是感冒而已」的想法，日本沒有積極採取防禦政策，雖然實施過幾次「緊急事態宣言」以及「蔓延防止重點措置」，呼籲大家減少外出、移動以及外食，但在日本的國家法律之下，無法封城以及不能限制人身自由的規範下，沒有罰則，僅能以規勸程度為主。

目前日本國內的疫苗施打率完成第一、二劑已超過 8 成，第三劑將近 6 成，在 2022 年 5 月的黃金週連假，政府已沒有規勸減少國內移動，也積極討論打開邊境的政策。現在已經開始實施外國旅客的小型旅行團，對於之後再次開放自由行觀光還是能期待的。走向後疫情時代，大家也會改變以往旅遊習慣與觀光型態面貌，先準備好功課，等待可以出發的日子。

✿ 店家防疫措施說明

目前日本多數設施以及餐廳店家在門口有設置酒精消毒，仍建議準備乾洗手、消毒酒精、濕紙巾等等以備不時之需。

❶ 在餐廳（指客人自行拿取食物的吃到飽餐廳）內取料理、交談時，請記得戴上口罩，也避免大聲交談。

❷ 拿取料理時，需配戴丟棄式一次性手套。

❸ 使用過的餐具、餐盤拿到歸還處。

❹ 洗手之後，請使用入口處的酒精消毒。

❺ 用餐後付款請盡量少人數，保持社交距離排隊付款。

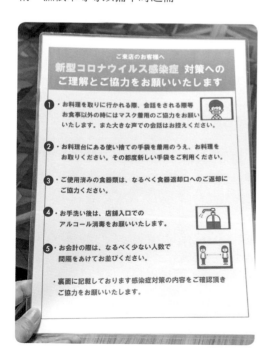

許多餐廳會張貼海報，或在桌上放置店家防疫說明，請到店客人配合

符合靜岡縣的防疫規定的餐飲店，會在店外張貼「安全 安心認證制度」的海報或貼紙

疫後需注意的通關規則

日本在邊境管制的對象分類有：（1）商務客、留學生、技能實習生。（2）疫苗3劑接種完成者可免隔離。（3）外國旅客。2022年6月，日本縮小入境檢疫以及隔離者的適用對象，依照國家將入境旅客分為紅、黃、藍3組，分別代表高、中、低風險的國家，並採取不同的入境規定。台灣被列為最低風險的「藍色」國家範圍，自6月10日以後入境日本的台灣人，無論是否接種疫苗，入境後可以免除篩檢與隔離，目前開放前往日本旅遊持短期觀光簽證的旅客無需申請簽證，不論是參加旅行團或是自由行都免簽。

針對台灣旅客最新規範

台灣旅客只需要持小黃卡，有接受日本承認的疫苗施打的旅客無需再篩檢與隔離，也無需再攜帶上機前的72小時內陰性檢測證明。

機場開放與航班重啟

疫情期間多數國際機場航班停飛，國際航班以東京成田機場以及羽田機場為主，目前漸漸有國際航班恢復，但仍以大機場的航班較多。因為國際燃料成本上漲，目前機票價格高漲，建議大家在選擇入境的機場與航班時，多斟酌機票現況。

入境日本前準備

日本最新制度 Visit Japan Web(入境手續的線上服務) 是提供能辦理「檢疫」、「入境審查」、「海關申報」等入境手續的網上服務。

http vjw-lp.digital.go.jp/zh-hant

操作方法:(需在航班時間6小時前完成申請)
1. 使用 E-mail 建立帳號
2. 登錄使用者資料，也可登錄同行家人資訊
3. 登錄入境預定時間資訊
4. 登錄所需手續相關資訊：①檢疫 (快速通關)。②入境審查 (外國人入境紀錄)。③海關申報

抵達日本後手續

先完成登錄 Visit Japan Web，在辦理入境手續時就只要出示QR碼，可以節省非常多時間。

應出示畫面：
①檢疫審查完成畫面
②入境審查 QR 碼
③有先使用 Visit Japan Web 申請海關申報的話，可以利用電子申報專用通道通關。

註：依作者自身經驗，若先完成 Visit Japan Web 登錄，從下飛機到出海關僅需約 20 分鐘即可完成，強烈建議大家先登錄 Visit Japan Web，非常節省時間。

邊境更動日程

邊境政策的更動時程會因應日本國內感染狀況與世界情勢而有變動，沒有既定時間表，需隨時關注最新資訊，做好準備。官方資訊以日本外務省公告為主，或是參考日台交流協會所發布的資訊。

註：以上資料為 2022 年 6 月 5 日查詢的最新資訊，出發前請再次查詢官網公告。

日本外務省網站
http www.mofa.go.jp/mofaj/ca/fna/page4_005130.html

日本台灣交流協會
http www.koryu.or.jp/tw

速查入境所需準備的文件
http www.hco.mhlw.go.jp （ 開啟後請先選擇出境國家）

JR熱海站
伊東站
伊豆急行線
伊豆稻取站
稻取港
伊豆急下田站

JR三島站
伊豆半島
下田港

富士山
伊豆箱根鐵道
土肥
河津山葵飯
沼津站 沼津港
沼津港

富士宮炒麵
富士宮站
JR新富士站
駿河灣渡輪

富士站
富士站
由比港
清水港
清水港

JR身延線
靜岡鐵道
用宗港

丁子屋
山藥泥料理
JR靜岡站
富士山靜岡機場
菊川站

島田站
JR掛川站

大井川鐵道
西鹿島
遠州鐵道

天龍濱名湖鐵道
濱松餃子
JR濱松站
濱松餃子

靜岡 23 事

　　靜岡縣位在日本本州中部，太平洋沿岸，位居從東京到大阪之間的東海道交通大動脈上。溫暖多日照的氣候造就靜岡成為物產豐饒、適合居住與旅遊，有獨特歷史人文背景的城市。海鮮料理、櫻花蝦、山藥泥料理與靜岡茶，每一種都值得品嘗。靜岡祭揭開春天的序幕，夏天熱海灣煙火大會，秋天小國神社紅葉勝景，冬季伊豆半島河津櫻花盛開，體驗四季不同的靜岡風景。

來靜岡必做的10件事

 1 參拜久能山東照宮，保佑出人頭地

供奉平定戰國時代，打開和平盛世的幕府大將軍——德川家康的久能山東照宮是靜岡縣內唯一國寶，也是全國東照宮的原型。參拜久能山東照宮，祈求出人頭地好運氣，是到靜岡必做的事之一。

久能山東照宮

 2 享受一杯道地的靜岡茶

茶葉生產量是全國第一，與宇治茶、狹山茶並列日本三大名茶的靜岡茶，在海內外都享有盛名。來到靜岡，別忘了找個地方坐下來，享受杯道地的靜岡茶。

靜岡茶&雅正庵鞠福麻糬

 3 欣賞不同角度的富士山

在靜岡，有許多地方都可以欣賞富士山雄壯美麗的姿態。天氣大好時，別忘了抬頭尋覓富士山身影，看此時此刻是以哪種姿態出現。

在新東名高速公路上與富士山相會

 4 參加當地活動體驗日常

靜岡盛行足球，曾被稱為「足球王國」。位於清水的 IAI 日本平足球場是清水心跳隊的主場球場，觀看球賽時，時而還能看到富士山的身影呢！

在清水IAI足球場觀賽時，富士山隱約展露姿態

 5 櫻桃小丸子追星記

超人氣國民偶像櫻桃小丸子的故事就在靜岡清水展開！搭乘櫻桃小丸子彩繪列車到清水與小丸子相會，在靜岡市許多角落追逐小丸子的腳步。

小丸子人偶現身櫻桃小丸子主題館

6 在 café 享受悠閒咖啡時光

慢腳步、緩前進，空出一段時間在當地 café 享受一杯手沖咖啡，慢速看靜岡，會有更不同的領會。此外，近來提倡日本茶文化，人們不僅喝靜岡茶，也有許多以靜岡茶甜點、冰品為主題的茶 café 誕生。打破過往既定健康取向的喝茶文化，喝茶這件事很時尚且更生活化。

靜岡茶冰淇淋

7 選購限定紀念品

「當地限定」紀念品的魔力誰也擋不住，是在其他地方買不到、吃不到的靜岡旅遊獨特回憶。

日本郵局發行的櫻桃小丸子紀念郵票

靜岡當地製造，獨一無二靜岡特色口味羊羹

8 居酒屋小店小酌一杯

到靜岡當地居酒屋品嘗在地食材與地方鄉土料理，體驗居酒屋文化，更深入了解當地民情。

靜岡市兩替町有許多居酒屋

9 穿梭街道巷弄中

到「必去」的知名觀光景點「到此一遊」是旅行的一部分，而穿梭在巷弄中散策與探險，更能發現不同面貌的靜岡。

2007年製作的「大御所家康公駿府城入城四百年紀念」下水道孔蓋，在街上散步時可以發現它的蹤跡

10 寄明信片

寫下旅行途中的故事，藉寫字的溫度把心情傳遞給不同時空的自己或友人，留下不同形式的靜岡限定紀念。

靜岡縣觀光協會製作，在活動中索取的靜岡紀念明信片

來靜岡必吃的10種美味

 1 靜岡煮 & 靜岡茶特調

靜岡茶特調　　　　　靜岡煮滷鍋

　獨特祕傳滷汁與作法，靜岡煮與眾不同的特色僅在靜岡品嘗得到。還有只有靜岡人才聽得懂的「靜岡茶特調」(靜岡割り)，更是不可錯過！

 2 海鮮丼飯或海鮮壽司

 3 櫻花蝦

　靜岡擁有的海鮮種類眾多，「地產地消」最美味新鮮。來到產地可別客氣，記得大快朵頤一番！

　全世界僅有兩處可以捕獲櫻花蝦，其中之一就是靜岡。正因為是產地，有獨到的靜岡櫻花蝦料理方法與吃法。

清水港漁師海鮮丼　　沼津港魚河岸招牌海鮮丼

炸什錦櫻花蝦

 4 山藥泥料理

 5 SAWAYAKA 漢堡排

　山藥泥料理營養成分高，自江戶時代成為驛站美食，現在也是靜岡人喜愛的鄉土料理。到靜岡品嘗山藥泥料理，滋補身體也認識歷史，豐富心靈。

　靜岡人一定都知道的人氣漢堡排專門店SAWAYAKA，就連同為靜岡人的人氣女星長澤雅美跟桃色幸運草Z的主唱百田夏菜子都強力推薦！

山藥泥淋在麥飯上，非常順口美味，忍不住多扒了好幾碗

漢堡排與雞排雙拼

6 Qu'il fait bon 水果塔甜點

在東京、大阪、福岡等大城市都大排長龍的水果塔專賣店 Qu'il fait bon，本店位於靜岡，有靜岡限定的商品。到本店感受水果塔人氣王的魅力吧！（目前僅提供外帶）

草莓水果塔

7 草莓

靜岡是有名的草莓產地之一，特別以「章姬あきひめ」(AKIHIME) 和「紅ほっぺ」(BENIHOPPE) 聞名。每年 1 ～ 5 月是靜岡草莓盛產期，別錯過季節限定的靜岡美味。

外型豐潤飽滿，水分充足、口感鮮甜的靜岡草莓

8 靜岡茶甜點

到靜岡不僅可以喝到優質日本茶，還有許多靜岡茶主題的甜點，呈現不同面貌的靜岡茶特色。

NANAYA靜岡茶冰淇淋

10 安倍川麻糬

德川家康在視察安倍川時到訪的茶鋪，把塗在麻糬上的黃豆粉做得像砂金，閃亮亮的點心看似一個好兆頭，使德川家康心情大好，開心將其命名為安倍川麻糬。品嘗安倍川麻糬，說不定可以帶來好運氣呢！

9 鐵路便當

創業將近 130 年的靜岡知名鐵路便當「東海軒」在 2009 年富士山靜岡機場開業時推出「富士味覺」(富士の味覚)，集結靜岡精華美味。家康公最愛的「一富士、二鷹、三茄了」，在富士味覺裡都可以品嘗到。富士山造型外盒、靜岡產茄子，茶飯上櫻花蝦跳躍，吻仔魚藏身玉子燒，還有甜點綠茶果凍，絕對是來到靜岡必吃的美味！

富士味覺鐵路便當的飯盒特別設計成富士山形狀

豆 知 識

連德川家康也喜愛的靜岡蜜柑

靜岡溫暖的氣候非常適合種植蜜柑，產季約在10～3月左右。據說江戶時代中期文化年間時種植在岡部町三輪的溫州蜜柑，是靜岡蜜柑的起源。進入明治後，清水、沼津、三之日等許多地方都有種植蜜柑，靜岡因此成為蜜柑產地之一。德川家康在駿府城內(現：靜岡市)親自種植的蜜柑樹至今仍然存在，可見不僅現在的靜岡人喜歡蜜柑，連德川家康也很喜歡吧！

來靜岡必買的10大伴手禮

1 靜岡茶羊羹

位在川根町家山的三浦製菓得意之作「茶羊羹」，使用川根茶製作。高級茶的新芽風味與新綠香精華都集結在茶羊羹之中。

2 靜岡茶

靜岡茶伴手禮種類豐富，自家用的大包裝經濟實惠，可愛迷人的小包裝適合用來送禮。茶葉或是沖泡式茶包種類眾多，是靜岡旅遊的首選伴手禮。

靜岡&富士山可愛造型茶罐　　特殊口味沖泡式靜岡茶包

3 竹茗堂甜茶

推薦不習慣喝綠茶的人嘗試口味微甜的竹茗堂甜茶(ウス茶糖)，炎炎夏日泡冰水可當飲品消暑，小孩接受度也很高。

微甜不膩，接受度極高的竹茗堂甜茶

4 濱松鰻魚派

鰻魚派裡沒有鰻魚，鰻魚派卻儼然成為鰻魚名地——濱松最知名的伴手禮。在日本社會經濟背景下，女性就職風潮崛起，鰻魚派便成為忙碌的雙薪家庭在夜晚與家人茶餘飯後共同分享的「夜晚的點心」。

濱松名產，
春華堂鰻魚派

5 追分羊羹

超過300年歷史的追分羊羹保留著傳統製法，不但是櫻桃子老師從小吃到大的口味，就連幕末大將軍德川慶喜也對這裡的羊羹讚譽有加。用竹葉包覆住，口感不甜不膩，還有竹葉香四溢，配著從靜岡買的靜岡茶來享用，是最合適的靜岡伴手禮組合。

6 葵煎餅

靜岡淺間神社門前町的「葵煎餅本家」是擁有近150年歷史的煎餅老店，印有三葉葵紋的葵煎餅還有傳統瓦煎餅，都散發濃濃的古早味。

瓦煎餅

櫻桃小丸子特別版的葵煎餅

 7 塑膠模型

有「塑膠模型之都」之稱的靜岡，在海內外知名度甚高。就算不是鋼彈迷，也可以考慮購買手工細膩、不用花力氣組裝的精緻塑膠模型作為紀念品。

TOMYTEC靜岡鐵道模型電車

 8 富士山樣式紀念品

在靜岡，可以找到許多不同的富士山造型用品與紀念品。除了食物包裝外盒有富士山圖樣外，連羊羹本身都以富士山的造型呈現，既搶眼且難忘。

富士山外盒搶眼

富士山造型羊羹

 9 靜岡限定明信片

最有人氣的日本郵局紀念品莫屬當地明信片，把靜岡特色表現得淋漓盡致，「限定」的獨特性也讓大家愛不釋手。

 10 Cocco(こっこ)

靜岡電視台時常播出的廣告中，兩隻旅人小雞贈送Cocco蒸糕的畫面令人印象深刻。價格親民，不過甜、不膩口，大人、小孩都喜歡，口味接受度高的Cocco是靜岡代表伴手禮之一。

季節或節日限定的Cocco蒸糕，提供不同的選擇

價格親民的Cocco蒸糕，老少咸宜，受廣大年齡層歡迎

靜岡歲時記

　　早開的河津櫻捎來早春訊息，紫陽花洗滌梅雨季節的不安穩氣候；炎炎夏日裡風鈴搖曳，清脆鈴聲消暑心靈；煙火大會訴說熱情，楓紅道盡秋天靜謐。伴隨季節賞花與祭典活動，看靜岡春、夏、秋、冬季節變化。

春

靜岡祭最受歡迎的遊行活動

濱松祭的風箏大戰話題性極高(照片提供／靜岡縣觀光協會)

靜岡祭 (靜岡)
4 月第一個週末

　　靜岡春天櫻花繽紛綻放時的全民活動，靜岡祭在德川家康領地駿府城展開。知名大河劇演員扮演德川家康率領家臣賞花遊行，是市民圍觀熱烈歡迎的重頭戲。

可睡齋牡丹苑 (袋井)
4 月

　　可睡齋有 600 年古老歷史，德川家康在面臨內戰，深陷危機時受當代住持解救性命，是與德川家康淵源最深的寺廟。這裡也是日本最早以牡丹聞名的寺廟，境內有約 60 種、2,000 棵牡丹綻放盛開。

小室山豔紅的杜鵑花與富士山相襯，非常出色
(照片提供／靜岡縣觀光協會)

濱松祭 (濱松)
5 月 3 ～ 5 日

　　每年超過 150 萬人參加的濱松祭，重頭戲是 450 年以上歷史的風箏大戰。源自慶祝長子長女在出生時，為祈求健康成長當地一齊高放風箏慶祝，放眼全國也極為少見。

小室山杜鵑花祭 (伊東)
4 月底～ 5 月上旬

　　伊東八景之一的小室山公園，標高 321 公尺，360 度全景觀看伊豆七島、天城連山從富士山、相模灣那頭映出。杜鵑花盛開時像是鋪上鮮紅與桃紅色地毯般景色的花叢，相當豔麗。

黑船祭 (伊豆)
5 月

　　佩里黑船艦隊來航，下田市成為日本最早對外開港的港都。穿越幕末的時空旅行，在下田街道上可以看到身穿時代服裝的人們重現當時情景。

夏

法多山風鈴祭

下田紫陽花季節時滿山紫陽花齊開

各季節皆施放煙火的熱海煙火大會,可在熱海灣欣賞磅礴氣派的海上煙火(照片提供／靜岡縣觀光協會)

下田紫陽花祭 (伊豆)
6 月 1 ～ 30 日

從下田公園遠眺下田市區與下田港,紫陽花小徑與山坡上 300 萬朵紫陽花齊開。揮別梅雨季濕熱陰霾,迎接初夏的靜岡。

遠州三山風鈴祭 (袋井)
6 ～ 7 月

位於袋井市遠州三山 (法多山、可睡齋、油山寺) 的風鈴祭,用風鈴吹奏願望的聲音,炎熱的夏天也得到消暑,形成一幅夏季風情詩。

清水七夕祭 (靜岡)
含 7 月 7 日週末 3 天

清水七夕祭的竹飾競賽源自增加當地培育的竹子之使用,深具巧思的綵球裝飾圖案也反映了櫻桃小丸子與富士山等等,清水人關心的話題,是非常有當地文化氣息的小品祭典。

安倍川花火大會 (靜岡)
7 月最後一個週六

靜岡最大規模花火大會,在「東海地區最想參加的花火大會」中,榮獲靜岡縣內第一名,15,000 發煙火,吸引約 60 萬人潮共襄盛舉。

熱海海上煙火大會 (熱海)
時間不定

不僅夏天是煙火大會的季節,熱海灣一年四季都有煙火綻放。三面環山的地形,造就熱海灣是舉辦煙火大會的絕佳場地,煙火轟隆聲非常震撼。夏季舉辦最多場,春天其次,秋、冬煙火大會較少,詳細日期需要上官網確認。

www.ataminews.gr.jp/event/8

三嶋大祭 (三島)
8 月中旬

勇壯華麗的神轎 (山車) 遊行,伴隨磅礴高昂的御囃子 (シャギリ) 祭典音樂、弓箭術流鏑馬等,代表三島文化傳承的三嶋大祭把夏日的三島街道擠得水泄不通,推向最高潮。

秋天小國神社境內楓紅一片，展現靜謐的季節感

街頭雜耍文化滲透靜岡市，週末假日在街上也時有街頭雜耍表演

🌸 DAIDOGEI 大道藝世界杯 in 靜岡
（靜岡） 11 月初

來自世界各地雜耍好手齊聚靜岡參加「街頭藝人世界盃 in 靜岡」，靜岡市中心各地都有雜耍表演。走上街頭，一起共享雜耍熱鬧氣氛。

🌸 小國神社紅葉祭（森町）
11 月中旬～ 12 月下旬

位於森町本宮山南側山麓的小國神社，除了是靜岡縣內舉辦傳統和式婚禮的熱門場地外，也是靜岡縣內賞楓名地。境內花況或楓葉最新更新可以參考官網的「季節の便り」掌握準確訊息。

http www.okunijinja.or.jp/season

桂川旁楓葉點綴，修善寺溫泉的楓紅美景令許多朝聖遊客陶醉不已(照片提供／靜岡縣觀光協會)

🌸 修善寺紅葉祭（伊豆）
11 月中旬～ 12 月上旬

伊豆半島中部的修善寺溫泉鄉，由修善寺、虹之鄉，以及修善寺溫泉散策道為主一帶，被日本人稱作為「紅葉第一勝地」。楓葉染紅各處點綴桂川兩旁，平時非公開的修善寺方丈庭園也期間限定開放，虹之鄉夜間點燈，賞楓季節的修善寺溫泉非常熱鬧。

冬

爪木崎為著名水仙群聚地，還可眺望海景
（照片提供/靜岡縣觀光協會）

盛開的河津櫻，美麗的櫻花帶來春天
的容顏，也是日本最早的春季彩宴

爪木崎水仙祭（伊豆）
12 月下旬～1 月

　　日本三大水仙群生地之一，以伊豆爪木崎公園的水仙最為有名。爪木崎位在下田港外灣須崎半島最末端，欣賞水仙花同時欣賞海景風光，約 300 萬株水仙花海讓人感受早春魅力。

可睡齋女兒節（袋井）
12 月下旬～1 月

　　女兒節人偶象徵祈求擺脫厄運與災難，保佑女兒健康成長。可睡齋裡登錄有形文化財的「瑞龍閣」裡有 32 階層，1,200 尊日本女兒節人偶擺飾，堪稱日本最大規模的女兒節人偶擺飾。

熱海梅園梅花祭（熱海）
1 月～3 月上旬

　　以日本最早開的梅花著名的熱海梅園，園內約 14,000 坪寬廣，熱鬧的梅花祭裡湧進許多人潮。除了梅樹、櫻花樹、楓樹，四季皆能欣賞花草之美，園內還有足湯可供遊客消除腳部疲勞。

河津櫻祭典（伊豆）
2 月上旬～3 月上旬

　　日本最早綻放的河津櫻，大約每年 2 月～3 月上旬間陸續在嚴冬中盛開。河津川岸兩旁染成一片粉紅，無比浪漫。川畔約 800 棵櫻花樹配合「河津櫻花祭」活動有夜櫻點燈，白天黑夜都可以欣賞河津櫻花。

達人的靜岡玩法

不論是多日東西橫跨的靜岡深度旅遊，或是短時間集結靜岡觀光精華，規畫靜岡東部「伊豆半島」、靜岡中部「日本平與櫻桃小丸子主題路線」、靜岡西部「濱松與濱名湖」等，都是靜岡旅行的人氣景點，提供參考。

7日深度之旅 (名古屋進／東京出)

第1日 名古屋➡濱松➡濱名湖花卉公園或館山寺纜車｜住宿：濱松

第2日 濱松➡掛川花鳥園、掛川城散策➡靜岡｜住宿：靜岡

第3日【清水港鮪魚券 Day1】
靜岡／新靜岡站➡搭乘櫻桃小丸子彩繪列車前往新清水➡日之出埠頭租借腳踏車、搭乘水上巴士到三保➡三保松原、神之道、御穗神社➡搭乘水上巴士到江尻埠頭・河岸之市／日之出埠頭➡清水夢幻廣場、櫻桃小丸子主題館➡搭乘靜岡鐵道回新靜岡(晚餐：SAWAYAKA漢堡排)｜住宿：靜岡

第4日【清水港鮪魚券 Day2、伊豆多利夢乘車券黃金路線與富士見路線 Day1】
靜岡站➡日本平纜車站(日本平小旅行套票)➡久能山東照宮➡日本平飯店蛋糕＆飲料套餐清水➡搭乘駿河灣渡輪➡土肥溫泉｜住宿：土肥

第5日【伊豆多利夢乘車券富士見線 Day2】
土肥➡修善寺溫泉➡三島鰻魚飯、源兵衛川散策、三嶋大社｜住宿：富士

第6日 富士➡富士宮、白絲瀑布➡田貫湖➡富士宮炒麵、富士宮淺間大社➡沼津港海鮮｜住宿：沼津

第7日 沼津➡熱海➡熱海海灘散策➡伊豆山神社／來宮神社➡熱海站商店街➡往東京

 豆 知 識

為什麼叫「靜岡」

靜岡(しずおか，Shizuoka)一名據說是從明治2年的藩名得來。當時靜岡藩原被稱作「駿府府中藩」，但府中發音與「不忠」近似，於是改稱為靜岡市淺間神社後山的「賤機山」(Shizuhatayama)；但「賤機山的丘陵」一帶之意稱「賤ヶ丘」(Shizugaoka)的漢字含義不佳，便轉而使用「靜」，而稱「靜岡」。

Kayo日本慢活旅行提案

詢問度超高的人氣景點

靜岡市的櫻桃小丸子＆日本平、大井川鐵道的奧大井湖上車站＆寸又峽、伊豆半島＆駿河灣渡輪，以及富士山眺望地點等，都是詢問度很高的靜岡人氣景點哦！

5日伊豆多利夢票券遊 (靜岡機場進出)

第1日 靜岡機場➡靜岡市區住宿➡青葉橫丁靜岡煮｜住宿：靜岡

第2日 【伊豆多利夢乘車券黃金路線 Day1】
靜岡➡熱海➡熱海海灘散策➡伊豆山神社／來宮神社➡熱海站商店街➡伊東東海館｜住宿：伊東

第3日 【伊豆多利夢乘車券黃金路線 Day2】
伊東➡伊豆高原、大室山、仙人掌公園或城崎海岸➡伊豆急下田、培里路散策｜住宿：下田

(照片提供／蔡承熹)

第4日 【伊豆多利夢乘車券黃金路線 Day3】
伊豆急下田➡堂島遊覽船➡土肥➡搭乘駿河灣渡輪前往清水➡清水夢幻廣場、清水港散策➡靜岡｜住宿：靜岡

第5日 靜岡➡日本平纜車站 (日本平小旅行套票)➡久能山東照宮➡日本平飯店蛋糕＆飲料套餐➡靜岡縣廳別館 21 樓富士山展望廊、市區百貨、吳服町➡前往靜岡機場

3日祕境探索之旅

第1日 靜岡➡日本平纜車站➡久能山東照宮➡清水河岸之市魚市場 (午餐：海鮮丼)➡清水港散策➡靜岡茶 café 體驗、居酒屋｜住宿：靜岡

第2日 【大井川周遊票 Day1】
靜岡➡金谷➡新金谷搭大井川鐵道電車至千頭➡搭大井川鐵道井川線至奧大井湖上車站➡千頭搭公車至寸又峽｜住宿：寸又峽溫泉

第3日 【大井川周遊票 Day2】
寸又峽溫泉散策、夢之吊橋➡千頭➡大井川鐵道 SL 蒸氣火車➡新金谷➡金谷➡往濱松或靜岡

2日經典之旅

第1日 靜岡／新靜岡車站➡搭乘靜岡鐵道櫻桃小丸子彩繪列車至櫻橋站 (櫻桃小丸子散策)➡靜岡鐵道新清水站➡清水河岸之市魚市場 (午餐：海鮮丼)➡清水港散策、清水夢幻廣場、櫻桃小丸子主題館➡靜岡茶 café 體驗、居酒屋｜住宿：靜岡

第2日 靜岡➡靜岡縣廳別館 21 樓富士山展望廊➡駿府城公園➡搭乘浪漫巴士至靜岡淺間神社➡歷史散策：瑞龍寺、浮月樓➡前往日本平搭乘日本平纜車至久能山東照宮➡日本平飯店享用下午茶套餐、看夕陽

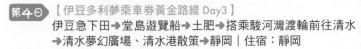

27

靜岡賞花推薦

櫻

伊豆河津町（伊豆）
推薦時間 2月上旬～3月上旬

　　早春開花的河津櫻花季約在2月上旬～3月上旬，位於伊豆半島東部，伊豆急電鐵河津站附近的伊豆河津川畔，約有800棵櫻花樹盛開，此時日本還是冬天，只有它捎來春天的消息。河津櫻原木在伊豆急河津站附近的民宅中，樹齡約60年，樹高約10公尺，據說是偶然把發現的櫻花苗種植在這裡，經過10年後，1月下旬時，淡粉紅的櫻花開花了將近一個月。經過增植與當地農業改良的研究，這個早開櫻花因為原木就在河津町，故命名「河津櫻」。

　　河津櫻花季（河津桜まつり）比較有名的賞花地點主要是從河津站附近開始，沿河津川兩側綻放，花季時還有許多小攤販，交通方便且範圍大。

詳見P.198

南伊豆町河津櫻（伊豆）
推薦時間 2月上旬～3月上旬

　　被稱做是伊豆半島最南端早開櫻花的祕境景點，日本本州最早感受到春天的地方。南伊豆町下茂賀溫泉附近的青野川畔約2公里處，約有800棵河津櫻與油菜花，當地人稱這裡是「南伊豆町櫻花」（みなみの桜）。

　　鮮黃的油菜花與粉紅的河津櫻連成最美的花海，油菜花讓南伊豆更添活潑朝氣。附近還有利用休耕田培育的油菜花田，也吸引許多人前往拍照。國道136號「日野」路口就有一大片的油菜花海，從下田站搭乘東海巴士前往下賀茂方向，在「日野」下車即可抵達。南伊豆町展現與河津町不同的氛圍。不像河津川畔就位在伊豆急電鐵河津站附近，雖交通便利但也人潮洶湧，這裡顯得更幽靜些。

▶ 從伊豆急下田站搭乘東海巴士約20分鐘可抵達「南伊豆」或自駕 http://www.minami-izu.vision/sakura2021/ ◎ @info_mizu 🗺 633 224 519*41(道の駅 下賀茂溫泉 湯の花)

沿河津川畔綻放的河津櫻在日本享有高知名度，被認為具有早春櫻花代表的指標性

青野川畔上兩側南伊豆町櫻花盛開

🌸 三嶋大社（三島）

推薦時間 3下旬～4月初左右

大河劇《鎌倉殿的13人》中主角之一「源賴朝」在被流放伊豆時曾在「三嶋大社」祈願復興再起，一直以來這裡是伊豆知名能量景點，近期更是被熱烈討論。從2月的寒櫻開始，三嶋大社有15種品種，200棵櫻花相繼開放，3月是大島櫻、三島櫻，隨後是染井吉野、八重櫻接續探頭。從神池周邊開始，一路沿著參拜道前進至本殿約200公尺的櫻花大道，而且神鹿們也在櫻花樹下賞花呢。三嶋大社境內的神鹿是從奈良春日大社來的，也有春日大社的神明騎著鹿到這裡，小鹿們帶著神明交付的重責大任來到這裡之說。

詳見P.116

參拜道沿途兩側種滿櫻花樹

💭 作者推薦

大御所手筒煙火

靜岡祭除了白天有許多攤位、舞台表演活動以外，夜晚還有大御所觀覽「手筒煙火」也很令人感動。宣告戰國時代結束，把火藥作為和平象徵的使用，慶長18年（1613年）家康公在駿府城觀賞日本首發煙火。靜岡祭不僅正巧是櫻花綻放時舉辦的祭典，還有德川家康公大將軍留給後世關於和平的教誨。

🌸 駿府城公園（靜岡）

推薦時間 3下旬～4月初左右

4月的第一個週末在駿府城公園舉辦的靜岡祭源自幕府大將軍——德川家康在退位成為大御回到靜岡，靜岡祭重頭戲「大御所花見行列」是家康公引率家臣們出遊賞花的故事。從駿府城的東御門出發，行經市役所前面的道路，前往靜岡淺間神社參拜的遊行，每年都會邀請大河劇演員或名人扮演家康公的角色，換裝成為江戶時代古裝的遊行隊伍壯觀熱鬧，吸引許多人前來觀賞。

除了欣賞祭典活動，也有很多人相約好友或是與家人一起在樹下草皮上野餐，享受愜意的賞花時光。靜岡市區氣候溫暖，其實常常在靜岡祭舉辦之前櫻花已經滿開，根據作者經驗，駿府城公園的賞花時間最適合是在3月最後一週左右。

詳見P.101

駿府城公園 靜岡祭（静岡まつり）
http shizuokamatsuri.com

駿府城公園內的德川家康銅像與櫻花合影

櫻花盛開時許多人會在公園內的櫻花樹下休息、野餐

楓／銀杏

修善寺溫泉修禪寺山門附近的楓紅景色

修善寺溫泉新井旅館附近的桂橋上拍攝楓橋與楓葉是人氣拍攝角度

虹之鄉日本庭園菖蒲門

✿ 修善寺／虹之鄉（伊豆）
推薦時間 11 月中旬～ 12 月初

說到靜岡、伊豆最知名的賞楓聖地，「修善寺溫泉」與附近的「虹之鄉」一直是數一數二的人氣景點，在紅葉季節的午後走進修善寺溫泉，因位處背光地帶，溫暖的光線一絲絲穿透紅葉與竹林，眼前是新井旅館，遠方是桂橋，耳邊是桂川畔潺潺的水聲伴奏。

沿著虹之鄉日本庭園的水池邊散步一圈有許多不同賞楓角度

從修善寺溫泉街出發，不到 10 分鐘車程就可以到以花園自然景觀為主的主題樂園——「修善寺虹之鄉」，在 1924 年為了紀念這裡實行「修善寺町」町制，沿著山坡種植約 1,000 棵楓樹與紅松，被稱作是伊豆第一。一般只開放到 16:00，秋天楓紅季節會延長開放時間，11 月中旬到 12 月初還有楓紅夜間點燈。在伊豆賞楓人氣景點裡，紅葉夜間點燈特別少見，作者原本認為白天透過自然光線賞楓應該比較美，但打上燈光的夜楓增添華麗與神祕感，萬分閃耀。日落前後的紅葉展現不同的意境，太令人著迷，實在百聞不如一見！

修善寺溫泉
詳見P.201

修善寺 虹之鄉
✉ 靜岡縣伊豆市修善寺4279-3 ➡ 修善寺站南口搭乘東海巴士約20分鐘 http www.nijinosato.com MC 116 184 529*36

✿ 文教町銀杏街道（三島）

推薦時間 11 月下旬～ 12 月上旬

從文教町天橋上欣賞銀杏

「文教町」如同其名，銀杏行道樹的兩側是從幼稚園到大學等文教機構。雖然不是以觀光景點聞名，但秋天時銀杏樹金葉飄落，讓許多人特地繞過來散步。由鬼才編劇——宮藤官九郎編寫的純校園題材劇《SORRY 青春！》（ごめんね青春！），其故事背景、拍攝舞台就選在三島市，劇中大家送別的一幕，中井說著再見時，他們就是在靜岡縣立三島北高等學校前文教町的人行天橋上，學校、人行天橋的景色都與劇中拍攝的一樣。

代表秋天的另一種季節風物詩「銀杏」

銀杏樹隨風搖曳，金色落葉飄落

➡ 沿縣道21號，在日本大學、三島北高附近，從三島站步行約15分鐘 ㎝ 50 170 153*25

✿ MOA 美術館（熱海）

推薦時間 11 月中旬到 12 月初

MOA美術館1樓戶外茶之庭入口——唐門

MOA 美術館（MOA MUSEUM OF ART）位在靜岡縣熱海市，珍藏國寶、重要文化財、跟指定文化財約 3,500 件，能俯瞰相模灣與熱海市區的景觀是在美術館展示品以外的迷人之處。而熱海楓紅時，1 樓戶外茶之庭的楓葉迎來最美的時刻，夜晚還有紅葉點燈，欣賞楓葉在夜空漂浮的動人景致。

在「唐門」前還未察覺後方紅葉燦爛，在「片桐門」抬頭一看是滿滿的紅葉。深秋的楓紅看到這眼前的世界多采多姿。平常沒有開放的「光琳屋敷」也會特別公開中庭，讓大家一窺光琳屋敷的內部。茶室一白庵裡品嘗一碗抹茶與和菓子的午後時光，讓人忘卻煩擾自己的瑣事，在這裡欣賞楓葉的景致又是另一番美景。

茶之庭 樵亭附近小徑

✉ 靜岡縣熱海市桃山町26-2 🕐09:30～16:30，茶室一白庵10:30～16:00(最後點單15:30) 休 每週四，遇國定假日有開館 ➡ 熱海站搭乘巴士約7分鐘 📷 @moa_museum_of_art ㎝ 116 684 642*88

茶室一白庵的和菓子因應季節更換，每一次到訪都是不同期待

楓紅季節從茶室落地窗往外眺望是動人的美景

🌸 小國神社（森町）

推薦時間 11月中旬到12月初

位在靜岡縣森町本宮山南側的小國神社是祭祀大國主命延喜式內的神社，小國神社是靜岡縣內舉辦和式婚禮的熱門之地，在新東名高速公路開通後，自駕前往更加方便。說到靜岡西部秋天賞楓之地，小國神社絕對榜上有名，秋天楓紅落葉、小橋流水處處都是美景，彷彿為秋天賦一首詩，寫著靜謐空氣中，楓紅葉黃的繽紛浪漫。

詳見P.186

小國神社歷史悠久，事待池周圍被樹木包圍

🌸 紅葉山庭園（靜岡）

推薦時間 12月中旬

紅葉山庭園將靜岡的代表風景與文化歷史發揮到極致，不僅可見典雅的造園藝術，里之庭、海之庭、山里之庭、山之庭等4個主題更是將靜岡的風景濃縮在紅葉山庭園裡。

在門口購買入場券時，可以先加購到「立礼席」享用茶點的門票（日幣520圓），「立礼席」茶室是桌椅座席，無法長時間跪坐的朋友也不用擔心。提供的茶點以日本平煎茶以及本山抹茶為主，也會依照不同季節更換茶飲品項，茶點套餐會附帶當季和菓子。紅葉山庭園裡還有以數寄屋風格的茶室「雲海」，以及越過長廊在後面的小茶室「靜月庵」。茶室可作為舉辦茶會等團體活動包場使用，特別是在楓紅季節幾乎天天被包場，無法進入。如果當天沒有被包場，也可以到這裡參觀、自由拍照。

詳見P.102

春夏秋冬都可以看到不同花卉，但秋天賞楓真的是令人印象深刻

作者推薦

奧大井湖上車站

沿著大井川鐵道井川線往上游方向，「奧大井湖上車站」是大家口中說的祕境車站，秋天時就像染上繽紛色彩的畫布般的世界。雖然四季都吸引人，但在秋季眺望奧大井湖上站，翡翠綠的湖面、滿山楓紅，好似仙境一般。

立礼席提供靜岡抹茶或是煎茶搭配季節和菓子

走進庭園內散步找不同角度拍攝楓葉特寫

富士山 & 櫻花

龍巖淵（富士）
推薦時間 3月下旬～4月初

許多攝影愛好者公認的靜岡縣內第一高人氣的賞富士山＆櫻花的景點，非龍巖淵莫屬。在龍巖橋附近沿潤井川畔約有 55 棵染井吉野櫻，規模雖然不是很大，但坐落在富士山腳下的好位置，櫻花、清流、富士山同時入鏡，堪稱靜岡最美。

許多人多在瀧戶橋上拍照，作者的私心推薦是再稍微往後方河堤上移動，再往後走一點點有個「瀧戶水神宮」，頭上的櫻花樹與富士山同框很迷人。河岸兩邊種了整排的櫻花樹，河川跟櫻花是絕配，而且可以看到富士山，那真的是絕景。

靠近大馬路的這一側有幾個車位，櫻花季時有警衛會協助附近的交通引導，但因為龍巖淵另一側是住宅區，瀧戶橋非行人專用，汽車也能通行，是生活使用道路，要注意不要架腳架長時間占位子，車子來來往往很危險。穿越瀧戶橋的另一側這裡有設置一個小台子，可以盡情拍照。

✉ 靜岡縣富士市久澤 ➡ JR入瀨站徒步約10分鐘，或自駕（車位不多，建議搭電車前往）🌐 hellonavi.jp/detail/page/detail/2254 Ⓜ 72 347 651*00

把富士山、櫻花與潤井川一次收進眼中

岩本山公園（富士）
推薦時間 3月下旬～4月上旬

岩本山公園位在富士西部富士山附近，在海拔 193 公尺高的岩本山頂上有將近 400 棵梅花樹與 300 棵櫻花樹。園內有 3 個展望台，從展望台還可以看到富士山腳的市街風景，遠一點視線還能跨過駿河灣到伊豆半島那一端，欣賞富士川、駿河灣、愛鷹山景色。

每年 2～4 月有「眺望富士山與梅花・櫻花絕景」為主題的花季活動。賞花計畫放長線，去岩本山公園早一點能與梅花相會，幸運一點就能看粉嫩櫻花，不怕失望。櫻花樹數量眾多，若櫻花盛開時又天氣晴朗，富士山露臉的話，就很容易找到櫻花與富士山合影的好角度。

✉ 靜岡縣富士市岩本字花木立1605 ➡ 自駕，從富士IC車程約20分（距離龍巖淵約10分鐘車程，若是自駕可以一起安排）Ⓜ 72 315 854*02

岩本山公園腹地廣大，許多訪客席地野餐、休息欣賞富士山與櫻花

岩本山公園有步道方便推嬰兒車，帶小小孩也不擔心

❀ 富士山本宮淺間大社（富士宮）

推薦時間 3月下旬～4月上旬

淺間大社主要供奉「木花開耶姬」，在日本神道裡認為木花開耶姬是富士山女神和櫻花之神，神名「木花開耶」有著如櫻花般盛開的美女之意，在古書裡記載或是後世解釋眾多，木花開耶姬被視為可以鎮壓富士山噴火的水神而被供奉，傳說能佑富士山不噴發。

淺間大社的御神木就是櫻花樹，在富士山本宮淺間大社境內2月開始彼岸櫻開花，還有富士櫻、垂櫻不同品種，主要以3月下旬開花的染井吉野櫻為主，境內約有500棵櫻花樹，在3月櫻花季時天黑後夜晚有點燈，能欣賞夜櫻。

詳見P.89

❀ 清水船越堤公園（靜岡）

推薦時間 3月下旬～4月上旬

善用周邊自然地形，清水船越堤公園位在小山坡上，可以釣魚的池塘，寬闊的休憩廣場可以眺望富士山與賞花，還有小朋友可以玩得開心的盪鞦韆、溜滑梯的遊樂區，也有適合更小一點的小朋友的幼兒遊樂區，是很適合闔家歡野餐跟讓小朋友好好放電的賞櫻之處。園內以染井吉野櫻為主，還有垂櫻跟山櫻等約800～900棵櫻花樹在山坡上綻放，天氣晴朗時也能同時賞櫻跟欣賞富士山美景。

✉ 靜岡縣靜岡市清水區船越497 ➡ 草薙站轉搭巴士在「船越南」下車步行約6分鐘，或自駕 ⓜ 25 596 308*47

拍攝時間有點稍晚，以近幾年靜岡開花狀況來看，3月底還是比較好的時間點

清水船越堤公園位在小山坡上，腹地寬廣

櫻花季時有機會捕捉富士山與櫻花身影，但開花狀況與富士山是否露臉還是很需要好天氣

櫻花季時參拜道兩側也有小吃攤販設置攤位

從樓門望參拜步道

日本平飯店庭園草地上欣賞櫻花與富士山

❀ 日本平（靜岡）

推薦時間 梅花：因應不同品種 1 月～ 3 月
河津櫻：3 月上旬～中旬
染井吉野櫻：3 月下旬～ 4 月初

日本平以榮獲日本觀光地百選名勝知名，眼前是遼闊的駿河灣風景、三保松原，遠方有伊豆半島，正面就是富士山，日本平正是處於這樣絕佳的景點。

位在日本平 Parkway 與前往日本平纜車的交接處附近的「日本平梅園」，從 1 月起臘梅，2 月白梅、紅梅等相繼開花，約有 350 棵梅花樹，背景還有白雪皚皚的富士山。從日本平石碑附近的停車場前往夢之迴廊途中，不時可以發現幾處櫻花樹穿插電波塔的身影，或是回頭無意間發現透過櫻花樹枝頭的縫隙看到的富士山身影，都令人也忍不住拍照留念。

日本平飯店的庭園中種植了櫻花樹與梅樹，每個季節都能找到好幾個同時仰望富士山與梅花或櫻花的角度；有時候飯店也會因應賞花季節，推出可以外帶到庭園的下午茶套餐，讓你一邊欣賞富士山美景，一邊享用美味甜點。

詳見 P.72～78

在日本平山頂也能欣賞 2 月開花的早春櫻花河津櫻

日本平飯店庭園有種植櫻花樹

日本平飯店附近，日本平櫻花通上找到可以看到富士山與櫻花

靜岡交通與票券攻略

從日本境內各地要怎麼去靜岡？抵達靜岡後又有哪些交通工具可以使用呢？本章透過簡潔明瞭的說明，告訴讀者如何暢遊靜岡，並有各大交通票券使用方法。最齊全的靜岡交通攻略，跟著做就對了！

如何前往靜岡

關東、關西重要機場與靜岡縣相對位置

關東至靜岡東部 (三島、伊東)

　　從關東前往靜岡，多數旅客會選擇從成田機場或羽田機場出發。

　　成田機場班次較多，機票價格較低，但到東京都內交通費較高，也需要稍微多的時間。從成田機場入境後可選擇毋須轉車，直接到「東京」的成田特快；或是搭乘京成Skyliner到「日暮里」或「京成上野」後轉電車到「東京」，從東京搭乘新幹線至靜岡。從羽田機場的話，可搭乘東京Monorail到「濱松町」，轉車至「品川」換搭新幹線；或是搭乘京急電鐵直接前往「品川」。

　　把握成田機場先移動到「東京」，羽田機場直接往「品川」的原則，再轉搭新幹線前往靜岡，方向最順，較能減少移動距離與時間。

關東至靜岡東部交通方式

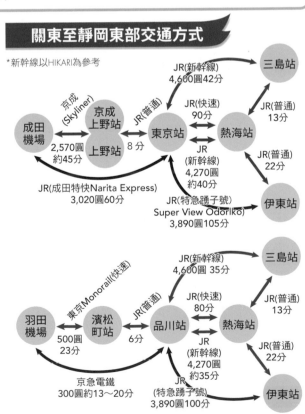

*新幹線以HIKARI為參考

中部至靜岡（濱松）

從中部機場到靜岡的距離比成田機場稍微近一些，行程設計以靜岡西部濱松為主的旅客，使用中部機場入境日本，一路從靜岡西邊玩到中部、東部，可省下不少移動時間。

搭乘名古屋鐵道至「名古屋」後再轉搭新幹線到「濱松」約1小時30分鐘，票價6,290圓；或是可以搭乘遠鐵巴士wing「中部國際空港線」從機場到濱松約2小時10分鐘，票價為3,200圓，從中部機場出發到濱松的wing機場巴士不需預約，直接到機場購票即可。

關西至靜岡

搭乘廉航LCC班機從關西機場入境，可搭乘夜行巴士到靜岡，還可省下一夜住宿費用。WILLER高速公路巴士從大阪「難波OCAT」發車，因路線不同，經由環球影城、大阪梅田巴士總站、京都車站，行經靜岡Act City濱松車站，或抵達東靜岡站南口。依照發車時間不同，也有開往富士、富士宮、沼津、三島車站等路線，可由WILLER中文網頁上事先預定，非常方便。

❶WILLER夜行巴士自關西出發，在清晨抵達JR東靜岡站南口，下方是寬敞行李置放處，攜帶大型行李箱也很方便／❷從東靜岡站搭乘JR電車至JR靜岡站僅需約3分鐘，轉車便利／❸新幹線靜岡站月台上等待列車進站／❹東海道新幹線目前多採用N700型，車身白底掛上藍色條紋❺東海道新幹線月台上的綠茶與焙茶飲料商品都是出自茶鄉靜岡

富士山靜岡機場

富士山靜岡機場位於島田市與牧之原市交界處，位處山坡地上，搭乘白天起飛降落的班機時，可以欣賞茶園風光；天氣好的時候，還可以遠眺富士山。與北海道的札幌(新千歲)、熊本、鹿兒島、福岡、沖繩(那霸)機場等每日都有國內線運行，也有國際線航班，轉運便利，欲進行長距離的日本國內移動時也可以列入考慮。

目前富士山靜岡機場沒有電車停靠，交通方式主要以「機場巴士」、「利木津計程車」、「自駕」為主。

前往靜岡市區可搭乘靜鐵機場巴士到「JR靜岡站」，車程54分鐘，票價1,100圓，不用換車；或是搭乘公車先到「島田」轉JR東海道本線電車，約25分鐘，票價550圓。「掛川」與「藤枝」也有機場直通巴士，班次較少，需要留意時刻表。前往「濱松」可共乘利木津計程車，定價每人2,000圓，需要先上網預約。

華航台北靜岡直飛班機(照片提供／阿鍊)

如何搭乘靜鐵機場巴士

「靜岡市區」↔「富士山靜岡機場」的富士山機場靜岡線是最多旅客使用的交通方法，有高速公路乘載規定，但不用先預約購票。車程約54分鐘，車資1,100圓。

搭乘方法：

1. 靜岡市區可由「JR靜岡站」或是「新靜岡巴士轉運站」上下車，富士山靜岡機場無論抵達或出發皆是5號站牌。

2. 上車後先取乘車券(整理券)，下車再付費。票價1,100圓，以手上抽取的「整理券」號碼為依據，巴士前方螢幕會顯示價格。

3. 抵達機場或是車站時不要急著站起來，司機先生會先開啟下方行李櫃，再請大家依序付款下車。

http www.mtfuji-shizuokaairport.jp/chinese_t/access/bus-train

靜岡機場往靜岡市區的巴士搭乘處(照片提供／阿鍊)

靜鐵機場巴士採用高速公路使用的遊覽車型，下方有寬敞大件行李置物處

富士山靜岡機場交通路線圖

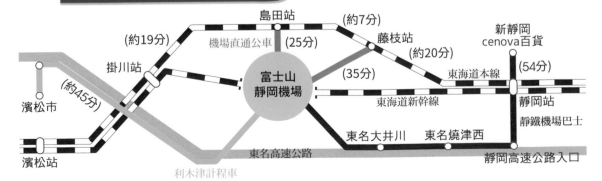

島田站
(約7分)
(約19分)
機場直通公車 (25分)
藤枝站
新靜岡 cenova百貨
(約20分)
掛川站
富士山靜岡機場
(35分)
東海道本線
(54分)
濱松市
(約45分)
東海道新幹線
靜岡站
靜鐵機場巴士
濱松站
東名大井川 東名燒津西
東名高速公路
靜岡高速公路入口
利木津計程車

🌸 鐵路

　　使用鐵路前往靜岡，可利用東海道新幹線或東海道本線，東海道新幹線通過靜岡縣內的熱海、三島、新富士、靜岡、掛川、濱松共 6 站。需要注意的是東海道新幹線有 3 種列車行駛，特快列車 NOZOMI(のぞみ) 沒有停留靜岡縣，僅有部分快速列車 HIKARI(ひかり) 跟各站均停列車 KODAMA(こだま) 可以前往靜岡。

　　靜岡站地理位置約在東京與名古屋中間，從東京或名古屋出發，搭乘新幹線約 1 ～ 1.5 小時即達。搭乘新幹線前往靜岡雖然交通費較高，但也是日本國內移動最快速便捷的方法。

　　東海道本線是各站停靠的普通電車，從東京到靜岡約 3 小時；與名古屋距離約 2 小時 50 分～ 3 小時 15 分。從東京或是名古屋出發皆沒有直達靜岡的一般電車，需要在中途轉車，但所需費用僅是新幹線票價的一半。

貼心小提醒　鐵路交通費計價方式

　　日本鐵道交通費是兩種計價(方式很特殊，有兩項費用)，出發地至目的地的「乘車券」(乘車區間所需車資)，以及「特急券」(使用新幹線或特急列車需要加價的費用)。購票、取票時不要忘記確認這兩項的費用都要含在裡面。

❶東海道新幹線靜岡站／❷東海道本線電車

在靜岡縣內可使用的廣域交通通票有：

①日本鐵路通票（Japan Rail Pass）：可搭乘新幹線與部分特急列車，以觀光為目的短期滯留的外國旅客，需出示護照才可購買。

②JR東京廣域周遊券：僅可在日本國內購買，但住在日本的外國人也可以購買。此票券無法使用東海道新幹線，而「伊豆急行線全線」中普通車廂指定席需劃位，要另外到JR東日本車站的售票處或是旅遊服務中心領取座席券（免費）。

http://www.jreast.co.jp/multi/zh-CHT/pass/tokyowidepass.html

未使用JR鐵道通票(Japan Rail Pass)的外國旅客，在購買新幹線車票時，需在車站的窗口現場買票，可以提前1個月購票與訂位。若要繼續移動到其他地方，或是購買回程新幹線車票，也可以提前先到車站購票。建議可以先將搭乘的時間(日期)、人數、抽菸(喫煙，kitsuen)或不抽菸(禁煙，kinen)座位等資訊寫在紙上，用筆溝通，就能節省不少溝通時間。若想購買一般短程距離JR電車車票，可看目的地的所需票價，直接按購票機購票；但若是長程距離，還是需要到窗口買票。

東海道新幹線N700型

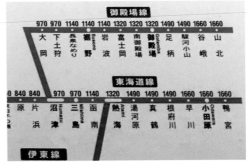

車資示意圖，地名上方的數字就是車資

圖解東海道本線自動售票機

人數選擇

根據自動售票機上方的車資示意圖按金額鍵購票

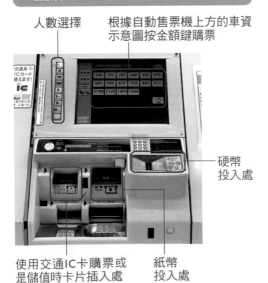

硬幣投入處

使用交通IC卡購票或是儲值時卡片插入處

紙幣投入處

看懂新幹線車票

出發日期／發車時間／抵達時間

出發地

目的地

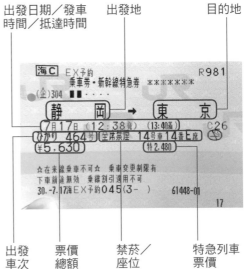

出發車次

票價總額

禁菸／座位

特急列車票價

🌸 東海道新幹線行李座位預定

自 2020 年 5 月中旬起，搭乘東海道新幹線、山陽新幹線、九州新幹線（東京〜新大阪〜博多〜鹿兒島中央）攜帶大型行李上車的旅客需要事先預訂「特大行李放置處附帶席」來放置行李，只要事先預訂就不用付費，若沒有預訂就上車，可能在進剪票口時被攔下，或是在車上被徵收 1,000 圓保管費。

因特大行李放置處附帶席多設在車廂最後面，所以最後一排的座椅不能調整，若非攜帶大件行李，長途移動時，建議避開坐在最後一排。靜岡縣的新幹線車站僅有 KODAMA 與部分 HIKARI 停靠，KODAMA 有些班次為全車非指定席，只在 1 節普通車廂指定席，用以設置特大行李放置處附帶席，若該列車沒有設定普通車廂，則需搭乘其他列車。

http global.jr-central.co.jp/zh-TW/tickets/oversized-baggage

行李箱尺寸規定 （以長、寬、高3邊合計）	
160公分以下登機箱	可隨身攜帶，無需預約。
160〜250公分登機箱	一般國際航空公司託運尺寸，須先預約。
其他（嬰兒車、有收納進腳踏車袋的自行車、樂器等）	無需預約，若欲使用「特大行李放置處」則需要預約。

東海道新幹線購票與行李預約步驟

使用網站或是 APP 購票需要先申請會員並登錄信用卡資料。車站的售票機有繁體字頁面，購買車票的同時直接預約大型行李位置，非常方便。

Step 1
選擇繁體中文頁面。

Step 2
選擇指定席座票（先購票，再預約行李座位）。

Step 3
選擇新幹線車票。

Step 4
選擇欲搭乘的車次。

Step 5
若有大型行李，記得選擇「附帶特大行李放置處的座位」，按「確認」前往下一步完成付款即可。

✿ 高速公路巴士

　　小資旅行精打細算，可從高速公路巴士下手！以東京到靜岡為例，搭乘新幹線 HIKARI 號車程約 1 小時，票價 6,470 圓；搭乘高速公路巴士約 3 ～ 3.5 小時，價格卻低於 3,000 圓，相較新幹線價格固定下，高速公路巴士還可以搶早鳥票，再優惠 600 圓都有可能。雖然交通時間長，卻是省荷包的好方法。

　　濱松、靜岡、三島或沼津、御殿場及伊豆修善寺幾處路線可前往橫濱、新宿、池袋等東京都內 (各路線行經地點與發車日期時間不同，詳細資訊請上官網查詢)。從京、阪往返靜岡的高速公路巴士以夜行巴士居多，不僅可省下住宿費，一下車就能開始跑行程的特性也受許多年輕族群歡迎。

　　另外，許多從關西、名古屋往返東京的高速公路巴士會行駛東名高速公路，經過「靜岡」，但不一定直接開往「JR 靜岡站」。可以考慮在「靜岡東名」(東名高速公路靜岡交流道附近) 下車，轉搭前往靜岡站或新靜岡的市區公車，有不少班次，約 15 分鐘到車站。

Kayo 日本慢活旅行提案

推薦搭乘靜鐵高速公路巴士

　　作者曾多次搭乘靜鐵高速公路巴士到新宿或東京，雖然沒有外語網頁的預約服務，但可以在新靜岡巴士案內所或靜岡站北口靜鐵巴士案內所直接購票。「靜岡新宿線」由新靜岡巴士轉運站／JR靜岡車站北口往返新宿站轉運站(バスタ新宿)，單程票價2,600～3,400日圓，車程約3小時22分鐘。東京清水線票價2,600～3,000日圓，車程約2小時40分鐘。2、3小時的車程不算太遠，與新幹線相較下票價便宜，攜帶大型行李箱也有收納處可放。巴士上有穩定的Wi-Fi，提供充電，硬體設備非常優質。清水往返東京，或是新靜岡到新宿、涉谷都是人氣路線。

✿小提醒：網站上查詢時刻表時，註明「靜鐵」或「しずてつ」才是使用靜鐵巴士哦！

📶皆提供中文預約服務
JAPAN BUS LINES：japanbuslines.com/tw
WILLER：willerexpress.com/tw
日本高速巴士網：www.kousokubus.net/JpnBus/zhtw

❶高速公路巴士會停靠JR靜岡站北口／❷高速公路巴士／❸JR靜岡站北口是高速公路巴士與市區公車交通轉運處

靜岡縣內交通

✿ 電車與公車

靜岡縣內主要交通方式是電車與公車，基本票價(最近距離車站或公車站)約 100～140 圓起跳，自由行旅客在交通費上，通常是比較龐大的花費。本節介紹靜岡縣內各種電車與公車實用票券，讓旅客可以在設計多日或是 1 日遊行程時搭配使用周遊券，節省交通費。

靜岡縣內交通 IC 卡使用說明

不少遊日旅客常持有 JR 東日本發行的交通 IC 卡「Suica」(西瓜卡)，或是在關東常使用的「PASMO」、JR 西日本「ICOCA」等交通 IC 卡在日本各地搭乘電車、公車，或電子錢包，使用暢行無阻。在靜岡縣內哪些地方可以使用這些交通卡呢？在此幫大家整理使用上的限制與相關事項。

●無法使用交通 IC 卡的電車、公車路線

伊豆箱根鐵道駿豆線(三島～修善寺)、岳南鐵道、大井川鐵道、天龍濱名湖鐵道、遠州鐵道以及 JR 東海的以下線道，皆無法使用

交通 IC 卡。

①**東海道線**：函南～熱海(例如：函南～熱海・東京、熱海～三島・沼津・靜岡)。而熱海～東京屬 JR 東日本管轄，是 Suica 的使用區域；函南～濱松屬 JR 東海，為 TOICA 使用區域。Suica 跟 TOICA 的最大原則是在兩方區間內可以互通，但不能跨區使用，若是使用交通 IC 卡通過剪票口，出站時會無法順利通過剪票口，仍需要用現金付款補票。如果從靜岡搭乘普通電車至東京，想把卡片餘額用完的話，直接在售票機用卡片付款比較方便。

②**御殿場線**：從沼津(JR 東海範圍)一側進站，在國府津之前可使用，意指從沼津上車想要前往御殿場(OUTLET)可使用。但若從東京方面(JR 東日本範圍)上車，欲從國府津轉車前往御殿場，則已跨區，無法使用。

③**身延線**：西富士宮～身延・甲府方面。

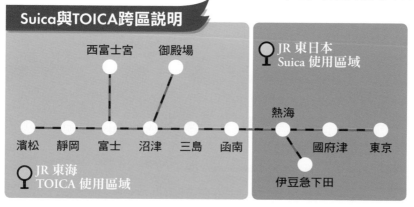

Suica與TOICA跨區説明

- 西富士宮
- 御殿場
- ♀ JR 東日本 Suica 使用區域
- 熱海
- 濱松　靜岡　富士　沼津　三島　函南
- 國府津　東京
- ♀ JR 東海 TOICA 使用區域
- 伊豆急下田

●可以使用交通IC卡的電車、公車路線

看到車站或公車上有右側圖案的話，表示該鐵道或巴士有加入日本全國IC交通卡通用的協定。以下路線也可使用交通IC卡：

日本全國交通IC卡通用標誌

交通事業營運者	種類	主要行駛地區
伊豆急行線	電車	含JR伊東站在內的16個車站
靜岡鐵道	電車	新靜岡〜新清水
靜鐵巴士(静鉄ジャストライン)	公車	靜岡市為主
富士急靜岡巴士(富士急静岡バス)	公車	富士、富士宮、富士登山巴士(夏季限定)
富士急city巴士(富士急シティバス)	公車	沼津、三島為主的市區公車
伊豆箱根巴士(伊豆箱根バス)	公車	沼津、三島、熱海、中伊豆為主的部分市區公車

關於交通IC卡，靜岡西部濱松市的遠州鐵道電車、遠鐵巴士皆無法使用，但靜岡中部靜岡市的靜岡鐵道、靜鐵巴士卻可以使用。而東部因為運行公車的巴士公司不少，富士、沼津、三島、伊豆有東海巴士、伊豆箱根巴士、富士急靜岡、富士急city巴士等等，可能會因為新舊型公車的影響，而遇上無法使用交通IC卡的狀況，提醒旅客需要特別注意。

拍攝於靜岡鐵道剪票口，這些交通卡皆可使用

Kayo 日本慢活旅行提案

易混淆的Suica、TOICA、LuLuCa

「Suica」是JR東日本發行的交通IC卡，可以在靜岡使用但無法購買，在靜岡可以購買JR東海發行的「TOICA」。靜岡鐵道可以使用Suica，但靜岡鐵道發行的交通IC卡「LuLuCa」卻無法在JR鐵道上使用，雙方並沒有互通，需特別注意。

搭乘公車步驟

Step1 後門上車，記得抽取乘車券(整理券)。

Step2 下車前按鈴。

Step3 根據乘車券號碼，可在巴士前方顯示螢幕上確認車資。

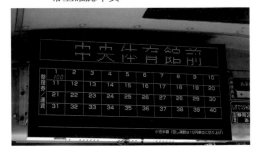

Step4 公車不找零，若是零錢不夠，可在停紅綠燈時兌換硬幣(司機旁的設備)。

Step5 下車時把乘車券與車資一同投入箱子。

休日無限搭乘券

（休日乗り放題きっぷ）**週末假期的靜岡縣東西橫走**

- 有效期限：乘車當天
- 利用期間：週末假日與跨年休假(12月30日～1月3日)
- 票券價格：成人2,720圓、兒童1,360圓
- 販售窗口：此票券乘車區間(不含國府津與甲府)的JR相關旅行社、熱海站新幹線轉乘窗口
- 網址：railway.jr-central.co.jp/tickets/aozora-free-holiday

JR 東海道線的熱海～靜岡～豐橋、御殿場線全線 (沼津～國府津)、身延線全線 (富士～甲府) 特定區間內，JR 普通列車的自由席可 1 日內無限乘坐。

建議路線

此票券有效期限只在乘車當天，不是以票券過改札口的時間開始計算，而是以「日期」計算。假設 10 月 1 日早上 10:00 開始搭，10 月 2 日 00:00 還在電車上的話，只能搭到過了 00:00 後的第一個停靠的車站為止，請讀者特別注意。參考幾個比較常使用的車站間票價表，從特定區間兩端的「濱松」或「熱海」一帶移動到另一邊或是多次上下車，才會有值回票價之感。若是沒有跨越靜岡的東西兩邊，就比較無法感受使用休日無限搭乘券的經濟優惠。讀者可以參考右方 JR 車站區間票價列表，比較後再衡量買這張票券是否划算。

JR車站熱門區間參考票價	
區間	成人單程票價(圓)
熱海～濱松	2,640
熱海～靜岡	1,340
御殿場～靜岡	1,340
靜岡～濱松	1,340
御殿場～沼津	400
熱海～三島	330
沼津～三島	190
靜岡～沼津	990

靜岡地區休日無限搭乘券路線圖

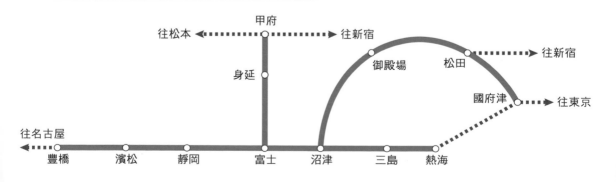

富士山靜岡地區周遊券 Mini
（富士山‧靜岡エリア周遊きっぷ ミニ）　環繞富士山，從靜岡出發

- 有效期限：3日
- 票券價格：詳見本頁表格
- 販售窗口：詳見本頁表格
- 網址：touristpass.jp/zh-tw/fuji_shizuoka

建議路線

　　西部可使用遠鐵巴士至「館山寺溫泉」、「濱松花卉公園」、「濱名湖」等濱松著名景點。東部可搭乘駿河灣渡輪換乘伊豆箱根巴士、東海巴士到「修善寺溫泉」再移動到三島。用不同角度環繞欣賞富士山，非此票券莫屬！

　　可從三島、沼津一帶出發，以富士山逆時針方向，在 JR 沼津站轉乘御殿場線往「御殿場站」，在御殿場轉乘富士急行巴士（御殿場站－河口湖線）前往河口湖。再從河口湖轉往精進湖，行經朝霧高原、白絲瀑布的富士急行巴士（新富士站－河口湖線），最後至「JR 富士宮站」與「JR 富士站」，再前往靜岡。

　　涵括可無限搭乘 JR 東海道本線（豐橋～熱海）、御殿場線（沼津～松田）、身延線（富士～下部溫泉）與富士急行等 5 家巴士、伊豆箱根鐵道與駿河灣渡輪。可連結靜岡縣內東西精采景點，還可以路上（公車）環富士山一圈，再加海上（駿河灣渡輪）把富士山看得夠。

票券價格（圓）		
販售窗口	成人	兒童 （6～11歲）
海外旅行社購買、 日本兌換	4,570	2,280
網路線上購買	5,080	2,540
日本國內的車站	5,080	2,540

Kayo日本慢活旅行提案

富士山靜岡地區周遊券Mini 3日玩法

　　本路線不但繞富士山一圈，還有機會從駿河灣海上遠眺富士山。共分3主題：

Day1：西部濱松濱名湖周邊1日遊。

Day2：從靜岡出發，由富士周邊行經朝霧高原一帶，繞河口湖後轉往御殿場再到沼津、三島。

Day3：從三島搭乘伊豆箱根鐵道至修善寺溫泉，最後再轉向土肥搭駿河灣渡輪回靜岡。

富士山靜岡地區周遊券Mini路線圖

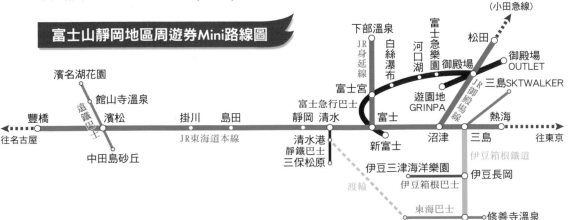

富士山滿喫券（富士山滿喫きっぷ）

捕捉富士山視野的靜岡 1 日遊

- 有效期限：1日
- 票券價格：成人3,120圓、兒童1,560圓
- 販售窗口：東海道本線(熱海〜新所原)、御殿場線(沼津〜下曾我)、身延線(富士〜甲府)間的JR主要車站及JR相關旅行社
- 網址：railway.jr-central.co.jp/tickets/fujisan-mankitsu

1 日內可無限搭乘富士山周邊可使用的JR、私鐵普通列車的自由席、公車、纜車、駿河灣渡輪的優惠票券。

建議路線

使用於靜岡中部(靜岡市)至靜岡東部(最遠到熱海)的 1 日券，若想展開以靜岡、清水、富士(〜富士宮)、沼津、三島、熱海為中心的 1 日旅行，可以利用此券。

以靜岡市觀光為例，從靜岡站〜日本平〜日本平纜車都包含在內，之後再到清水(河岸之市魚市場、小丸子主題館、三保)皆需各半天左右；或是到富士宮(富士宮淺間大社、田貫湖)將近一天。東部觀光的話，可以搭乘伊豆箱根鐵道，在三島與修善寺溫泉也可以使用。需要注意的是土肥港〜修善寺的交通沒有連接，因此搭清水港駿河灣渡輪至土肥後，轉搭至修善寺這一段交通，沒有包含在票券內。

主要涵蓋東部與中部多處，考量前一晚住宿地點並衡量隔天一早利用此票券出發的地點，會比較划算。

富士山滿喫券路線圖

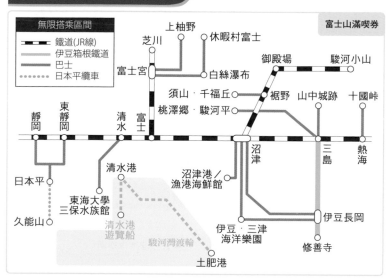

無限搭乘區間
- ▨▨▨ 鐵道(JR線)
- ── 伊豆箱根鐵道
- ── 巴士
- ⋯⋯ 日本平纜車

富士山滿喫券

上柚野　休暇村富士
芝川
富士宮　白絲瀑布　御殿場　駿河小山
須山・千福丘
桃澤鄉・駿河平　裾野　山中城跡　十國峠
靜岡　東靜岡　清水　富士　沼津　三島　熱海
日本平
東海大學三保水族館
久能山
清水港遊覽船
清水港
沼津港／漁港海鮮館
駿河灣渡輪
伊豆・三津海洋樂園　伊豆長岡
修善寺
土肥港

❶松樹環繞三保松原海岸邊／❷日本平吟望台元旦日出

靜鐵電車巴士 1 日券（電車・バス 1 日フリー乗車）

靜鐵 1 日券在手，必看景點走透透

- 有效期限：1日
- 票券價格：成人1,380圓、兒童640圓
- 販售窗口：靜岡鐵道(新靜岡站、新清水站)、靜岡巴士(新靜岡巴士案內所、靜岡站前案內所、清水站前案內所)
- 網址：www.justline.co.jp/ticket/dayfree

靜鐵 Justline 市區公車從 JR 靜岡車站、東靜岡站、草薙站、清水站為起點，單程 600 圓內範圍都可以使用。靜岡鐵道「新靜岡～新清水」全線可多次上下車自由乘坐。

建議路線

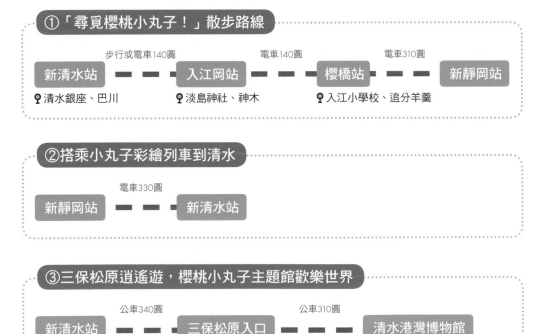

①「尋覓櫻桃小丸子！」散步路線

| 新清水站 | 步行或電車140圓 | 入江岡站 | 電車140圓 | 櫻橋站 | 電車310圓 | 新靜岡站 |

♀ 清水銀座、巴川 　　♀ 淡島神社、神木 　　♀ 入江小學校、追分羊羹

②搭乘小丸子彩繪列車到清水

新靜岡站 ——— 電車330圓 ——— 新清水站

③三保松原逍遙遊，櫻桃小丸子主題館歡樂世界

新清水站 ——— 公車340圓 ——— 三保松原入口 ——— 公車310圓 ——— 清水港灣博物館

④日本觀光地百選之一──日本平登高望遠！前往久能山！

| JR靜岡站
北口 | 公車590圓 | 日本平
纜車站 | 日本平纜車
(另外購票) | 久能山站 | 步行 | 久能山下 | 公車590圓 | JR靜岡站
南口 |

⑤挑戰1159階石階上久能山東照宮，家康公一定超感動

| JR靜岡站
南口 | 公車590圓 | 久能山下 | 步行 | 久能山站 | 日本平纜車
(另外購票) | 日本平
纜車站 | 公車590圓 | JR靜岡站
南口 |

✿ 小提醒：靜岡站往久能山下非每班皆為直達公車，也可能會先從JR靜岡站南口到東大谷(公車250圓)，再從東大谷到久能山下(公車340圓)。

貼心小提醒 靜鐵電車巴士1日券使用限制

　此票券無法使用富士山靜岡空港線、東京清水線、新靜岡新宿線等靜鐵高速公路巴士。超過1日券乘坐區間時，需要支付越區的差額。

靜鐵電車巴士1日券交通路線圖

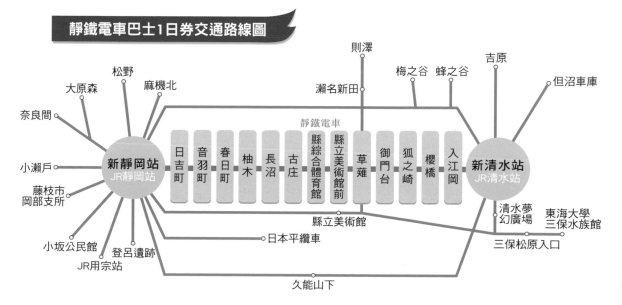

清水港鮪魚券（清水港まぐろきっぷ）

搭乘水上巴士樂遊清水港與三保半島

- 有效期限：使用日起1或2日
- 販售窗口：靜岡鐵道(新靜岡站 新清水站)、靜鐵Justline公車(新靜岡站、靜岡站前與清水站前各巴士案內所)、清水港遊覽船乘船處、S-PULSE DREAM PLAZA清水夢幻廣場、清水魚市場・河岸之市
- 網址：www.shimizu-cruise.co.jp/ticket
- 注意事項：
1. 腳踏車租借、靜鐵計程車亦為可選擇的觀光設施入場券(可用本券來租借腳踏車、搭乘計程車)
2. 水族館免費入場(東海大學海洋科學博物館)限平日使用。週末、國定假日、夏季繁忙期間無法使用。但入場優惠的使用則無限制
3. 僅限成人票可使用靜鐵計程車，優待小型車的起跳價格，超過部分需自行負擔

　　清水港鮪魚券結合陸(公車或電車)、海(水上巴士)交通工具，暢遊清水港周邊景點與三保半島，近來更加入「靜岡鐵道電車」，或是涵蓋日本平公車路線等3種不同級別周遊券，擴大結合靜岡市觀光。清水港鮪魚券內含「可選擇觀光設施入場券」、「觀光設施優惠券」，在限定設施內可選擇1處享受入場免費，或折扣入場費(可多次使用)，享受清水港美味的鮪魚與海鮮！想漫遊世界遺產富士山、三保松原時，可以利用此票券進行靜岡市的深度旅遊。

無限搭乘 清水港鮪魚券路線圖

搭乘海上與陸地巴士・電車
靜岡・清水・三保散策
※特盛(特大)票券可無限搭乘
※靜鐵Justline公車日本平線與
　山原梅蔭寺線(清水～久能山下)

清水港鮪魚券種類		
	清水・三保散策	同時享受電車之旅	多面樂遊靜岡觀光
種類	「並盛」(招牌票券)	「大盛」(加大票券)	「特盛」(特大票券)
票價	成人2,380圓 孩童2,080圓	成人2,780圓 孩童2,280圓	成人3,280圓 孩童2,580圓
清水港 水上巴士	1日自由乘船	1日自由乘船	2日自由乘船
靜鐵市區公車	指定區間(三保線) 1日自由乘坐	指定區間(三保線) 1日自由乘坐	三保線、日本平線、山原梅蔭寺線 2日自由乘坐
靜岡鐵道電車	不可使用	1日自由乘坐	2日自由乘坐
特約店1,000圓 日幣餐券	「清水魚市場・河岸之市」與「S-PULSE DREAM PLAZA清水夢幻廣場」內共超過30家餐飲店鋪可供選擇		
可選擇觀光設施 入場券(任選一處 免費入場) 觀光設施優惠券 (入場優惠折扣)	櫻桃小丸子主題館、清水壽司博物館、日本平纜車、港灣博物館、日本平動物園、靜岡縣立美術館、清水夢幻廣場摩天輪、清水港遊覽船等,詳細項目請上官網查詢		
內容說明	清水港水上巴士、靜鐵Justline市區公車JR清水站～三保區間1日免費搭乘。清水港・三保半島悠閒散策	並盛票券加上靜岡鐵道全區間1日無限搭乘。清水港・三保半島以外,新清水站至新靜岡站也能使用	大盛(加大)票券擴大靜鐵Justline市區公車乘車區間。清水港・三保半島以外,可搭乘日本平線與山原梅蔭寺線公車

✦ 遠鐵電車・巴士1日乘車券 (遠鉄ぶらりきっぷ) ✦
周遊濱松與濱名湖,享受濱松觀光名地優惠

- 有效期限:乘車當天
- 票券價格:成人1,570圓、兒童790圓
- 販售窗口:遠州鐵道新濱松站、西鹿島站、鐵道營業、濱松站巴士總站票券中心
- 網址:bus.entetsu.co.jp/ticket/coupon

　　除了常見的濱名湖周遊券2或3日券以外,前往濱松1日遊時,還可以使用此票券。除了乘車優惠,還可享有館山寺纜車、濱名湖音樂盒博物館、濱名湖遊覽船、龍岩鐘乳石洞、天龍濱名湖鐵道轉車台、濱松城、濱名湖花卉公園展望塔等入園或參觀優惠,詳情請見官網。

館山寺纜車

天龍濱名湖道轉車台

濱名湖 2 日券／3 日券

(HAMANAKO RAIL PASS 2DAYS／3DAYS) 暢遊濱名湖熱門景點

- 有效期限：使用日起2或3日
- 票券價格：詳見下表
- 販售窗口：詳見下表
- 網址：hamamatsu-daisuki.net/shuyu

德川家康出世城——濱松城

　　如果你慕名德川家康的出世城——濱松城；想見證山葉發動機、山葉樂器、鈴木汽車、本田汽車、河合樂器等世界聞名企業發跡的產業繁榮；大啖濱名湖風光鰻魚美食，順便一覽以日本原風景著名的天濱線鐵道自然風光、館山寺溫泉、大河劇「女城主直虎」中出現歷史話題的龍潭寺與方廣寺……那你一定不能錯過這張周遊券！

　　以靜岡縣西部濱松與掛川一帶的交通為中心，涵蓋多項交通工具無限搭乘，還有周邊 19 處觀光設施優惠折價的交通票券「濱名湖周遊券 (Hamanako Rail Pass)」近來受到矚目。靜岡西部的濱松與周邊區域有著不同的觀光面貌，非常值得旅客探索。

濱名湖周遊券種類		
	2日券(僅提供外國旅客)	3日券
票價	成人3,300圓 兒童1,680圓	成人4,900圓 兒童2,450圓
注意事項	1.每張周遊券限1人(本人)使用，不得轉讓 2.開始使用後不得退票 3.兒童票限6～12歲，請出示年齡證件(如護照) 4.未滿6歲幼童直接按各交通機關規定購票即可	
票券內容 (相同處)	1.遠州鐵道電車、公車無限搭乘 2.天龍濱名湖鐵道無限搭乘 3.濱名湖遊覽船	1.遠州鐵道電車、公車無限搭乘 2.天龍濱名湖鐵道無限搭乘 3.濱名湖遊覽船
票券內容 (相異處)	館山寺纜車無限搭乘	中部國際機場—濱松單程
販售窗口	1.機場、車站購買： 濱松站前巴士總站票券中心 2.旅館購買： Hotel Wellseason濱名湖、館山寺砂高皇家Hotel、 Hotel CONCORDE濱松、Okura Act City濱松、掛川Grand Hotel	暫停販售

＊製表：Kayo

註：1. 受新冠肺炎疫情影響，3日券目前暫停販售。出發前請再次上官網確認。
　　2. 官網多鼓勵透過APP「EMot」購票，但外國旅客並不方便使用，保險一點可前往濱松站巴士總站票券中心（浜松駅前バスターミナル乗車券センター）購票。

大井川周遊票（大井川周遊きっぷ）

SL 蒸氣火車與 ABT 登山火車，一路飽覽茶園風光與奧大井美景

- 有效期限：使用日起2或3日
- 票券價格：【2日券】成人4,900圓、兒童2,450圓【3日券】成人5,900圓、兒童2,750圓
- 販售窗口：大井川鐵道金谷站、新金谷站、千頭站、プラザロコ(新金谷站旁PLAZA LOCO)
- 網址：daitetsu.jp/tcn/ft_fare.html
- 注意事項：若想要搭乘SL蒸汽火車時，需要另外購買急行券(SL蒸汽火車成人票價是1,000圓，EL急行券成人票價500圓))

包含金谷站～千頭站的「大井川本線」、千頭站～井川站的 ABT 登山小火車的「井川線」、千頭站前前往寸又峽溫泉或往接阻峽溫泉方向的巴士皆可搭乘。利用大井川鐵道的電車與巴士自由乘坐券可到「夢之吊橋」與「奧大井湖上站」等奧大井地區的人氣觀光景點，詳情請見 P.176。

大井川周遊票路線圖

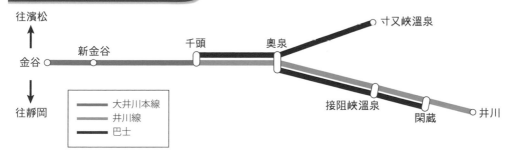

天濱線・遠州鐵道共通 1 日自由乘車券

（天浜線・遠鉄共通フリーきっぷ）**慢遊靜岡西部，經典鄉間鐵道之旅**

- 有效期限：乘車當天
- 票券價格：成人1,480圓、兒童740圓
- 販售窗口：天龍濱名湖鐵道與遠州鐵道有站務員的車站
- 網址：www.tenhama.co.jp/about/joshaken

1 日內可自由乘坐遠州鐵道全線，加天濱線東側路線 (掛川站～西鹿島站) 或天濱線西側路線 (新所原站～天龍二俣站) 的票券。除了乘車優惠外，還可以享有掛川花鳥園、小國神社商店街 (小國ことまち橫丁)、龍岩鐘乳石洞、濱松水果公園等設施入場，以及遠州森站、氣賀站、金指站、三之日站的腳踏車租借優惠。

天濱線·遠州鐵道共通1日自由乘車券路線圖

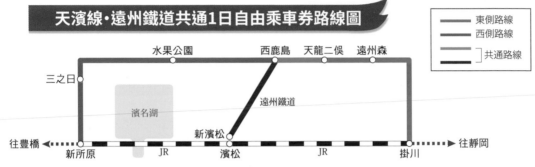

	東側路線
	西側路線
	共通路線

水果公園　西鹿島　天龍二俣　遠州森

三之日

濱名湖

遠州鐵道

往豐橋　新所原　JR　濱松　新濱松　JR　掛川　往靜岡

貼心小提醒 還有更多優惠設施喔
本章節介紹之交通票券可使用的設施優惠，此處僅列出一部分熱門景點提供參考。詳細的優惠內容，請上各官網查詢與確認。

伊豆急行線 1 日／ 2 日／ 3 日乘車券
伊豆東部山海沿線風光明媚逍遙遊

- 有效期限：指定出發日期限內有效
- 票券價格：【1日券】成人1,200圓、兒童600圓【2日券】成人2,000圓、兒童1,000圓
- 販售窗口：伊東站、伊豆高原站、伊豆熱川站、伊豆稻取站、河津站、伊豆急下田站
- 網址：www.izukyu.co.jp/global_site
  網址：www.izukyu.co.jp/global_site/pdf/panf2021_09_2.pdf
- 注意事項：購票時需要出示護照事先購票，不提供補票與列車內購買

館、小室山登山吊椅、大室山登山吊椅、伊豆仙人掌公園、伊豆 Granpal 公園、伊豆泰迪熊博物館、下田登山纜車、下田港黑船遊覽船、網元料理德造丸等設施，皆可享有優惠。

外國人限定的 1 日、2 日、3 日乘車券，可搭乘伊豆急行線內普通電車 (含快速列車)、特急列車的自由席。使用這張票券在東海

伊豆多利夢乘車券 (伊豆ドリームパス)

多利夢乘車券多元 3 路線，暢遊伊豆半島

- 有效期限：詳見下表
- 利用期間：詳見下表
- 票券價格：詳見下表
- 販售窗口：詳見下表
- 網址：www.izudreampass.com/hantai

　伊豆多利夢乘車券結合行駛在日本唯一海上縣道 223 公路的「駿河灣渡輪」、在伊豆半島內移動的公車「東海巴士」、「伊豆箱根巴士」，以及電車「伊豆急鐵道」、「伊豆箱根鐵道」，分為遊走東西伊豆海岸的「黃金路」、跨越天城山脈中伊豆的「山葵路」，與探訪伊豆最古老溫泉修善寺溫泉並眺望富士山的「富士見路」3 條路線。購買票券還可以享有設施入場優惠，是許多人的旅遊首選。本書亦特別收錄了「伊豆多利夢乘車券遊玩攻略」，詳細內容請見 P.190。

伊豆多利夢乘車券搭乘交通工具規則	
交通工具	規則與限制
渡輪　駿河灣渡輪	● 「清水港～土肥港」僅限單程，但回程如想使用渡輪可享半價優惠購票 ● 若因天候不佳，渡輪停駛時，雖無法退票但持「黃金路」票券可乘坐「土肥港～修善寺站」巴士
電車　伊豆箱根鐵道	● 「三島站～修善寺站」之間普通車與特急列車自由席皆可中途上下車、多次自由乘車
電車　伊豆急行線	● 「伊東站～伊豆急下田站」間可中途上下車，僅能單向移動 ● 僅可使用一般電車，特急列車普通車廂指定席與Green車廂需另追加費用
公車　東海巴士・伊豆箱根巴士	● 特定區間內可多次自由上下車，也可搭乘特急與急行巴士，但不能乘坐定期觀光巴士和周遊巴士

伊豆多利夢乘車券種類			
	黃金路	山葵路	富士見路
利用期間	全年(每年1月中旬約有10天駿河灣渡輪定期維修而停駛，不販售票券也無法使用)		
有效期限	使用開始日起3日	使用開始日起3日	使用開始日起2日
售票價格	成人3,700圓 兒童1,860圓	成人3,900圓 兒童1,960圓	成人2,800圓 兒童1,420圓
販售窗口	● 清水港渡輪乘船處 ● 伊東站東海巴士案內所 ● 修善寺站東海巴士案內所 ● 伊豆高原站伊豆急TRAVEL窗口 (伊豆急トラベル伊豆高原) ● 下田站伊豆急TRAVEL窗口 (伊豆急トラベル下田) ● 河津站伊豆急行線	● 清水港渡輪乘船處 ● 伊東站東海巴士案內所 ● 修善寺站東海巴士案內所 ● 伊豆高原站伊豆急TRAVEL窗口 (伊豆急トラベル伊豆高原) ● 河津站伊豆急行線	● 清水港渡輪乘船處 ● 修善寺站東海巴士案內所 ● 三島站東海巴士案內所 ● 伊豆長岡站伊豆箱根鐵道 ● 三島站伊豆箱根鐵道

*製表：Kayo

伊豆箱根線鐵道巴士 1 日／2 日自由乘車券

從沼津／三島出發！遊走富士山玄關口至溫泉鄉修善寺溫泉

- 有效期限：乘車當天
- 票券價格：【1日券】成人1,000圓、兒童500圓【2日券】成人1,200圓、兒童600圓
- 販售窗口：伊豆箱根線(三島站～修善寺站)各站
- 網址：www.izuhakone.co.jp/railway/1daypass/tw.html
- 注意事項：購票時需要出示護照，搭乘鐵道與巴士皆為人工檢票

外國人限定，可使用伊豆箱根鐵道(三島～修善寺站)、巴士(三島～沼津)、沼津港線、沼津～長岡站線、伊豆長岡溫泉循環線、長岡～三津海洋樂園線、修善寺溫泉等6條路線的1日自由乘車券。

✿ 租車自駕

　　如果是到鐵路發展較完善的都市圈旅行，大多使用電車移動，但若是像靜岡大範圍觀光，帶著行李租車自駕，移動不走回頭路，分攤下來的車資可能比搭乘大眾交通工具更為經濟。靜岡縣東西狹長，東海道新幹線貫穿全縣，共有6個新幹線停靠站，再加上有東名、新東名兩條高速公路連結，善用新幹線周邊車站租車出發，即便沒有全程自駕也能移動自如。做好功課、準備好駕照中譯本、預約好「レンタカー」(租車)，開始在靜岡來趟自駕之旅吧！

　　租車必須先上網預約空車以及告知需要的配備，靜岡縣內詢問度與使用度較高的取車點是富士山靜岡機場、靜岡站、熱海、伊豆急下田站或是濱松站。從熱海取車後在伊豆半島內的移動，或是把車開上駿河灣渡輪，在靜岡市與伊豆半島間移動都是人氣行程。靜岡西部濱松一帶更因為各觀光景點有些分散，租車自駕可以讓旅行更有效率。

　　較多人使用的 TOYOTA、ORIX、NISSAN、Times 租車公司最近也都有外語預約服務，

Tabirai Japan 網站集結了不同租車公司的服務，可以根據自己的需求、喜好的車種、時間等條件篩選出適合的方案。

TOYOTA
http rent.toyota.co.jp/zh-tw/

Nippon
http www.nrgroup-global.com/tw

ORIX
http www.suzuyo-rentacar.jp

日產租車
http nissan-rentacar.com/tc

Tabirai Japan
http tc.tabirai.net

貼心小提醒

容易被外國人忽略的日本行車禮貌與規則

1. 在日本，「方向盤在右座、靠左行駛」，對駕車沒有信心的人千萬不要勉強上路。
2. 禮讓行人是基本，過平交道前要停看聽。
3. 看到路上「止まれ」(停下)，一定要在白線前踩煞車停止，不能只是慢慢滑過去。
4. 行駛高速公路時不久占最右線「追越車線」(超車道)，超車一定要打方向燈，並在超車後回到「走行車線」(一般車道)。
5. 一定要找停車場，不能在路上隨意路邊停車。停車方式以倒車進車格居多，倒車時注意死角。

✽如何使用 Map Code

自駕導航時，若輸入目的地，對於不會日語、無法輸入日本地名的旅客會有點困難，一般設施或店家還可以輸入電話號碼，但遇到觀光景點或是沒有電話號碼的地方，難度就更高。學會使用「Map Code」（マップコード）就能解決這問題！

Map Code 是日本獨有的地圖資料系統，藉由把地圖細分畫格後，標出地點詳細位置資訊，整合成代碼數字，只要在導航系統中輸入代碼就能迅速找到目的地。比起電話號碼偶有變更，或是導航系統中可能沒有新店鋪資訊，自駕時使用 Map Code 安心又方便。

在川根茶茗館的日式茶室欣賞美麗庭園、品靜岡茶

Map Code 操作步驟

Step1 選按 Map Code

在「MENU」選單中找到「マップコード」(Map Code)。

Step2 輸入「Map Code」數字

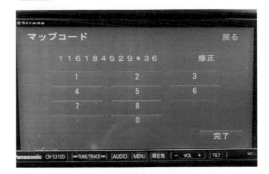

Step3 確認查詢結果

先確認清楚導航顯示是否為目的地再出發。

返回鍵 ——

前往目的地 ——

Step4 開始導航

可變更行駛路線，確定後按「案內開始」開始導航。

路線選擇與　　　開始導航 ——
變更

🌸 自駕推薦行程

● 靜岡茶園＆祕境景點巡禮（靜岡站出發）

| 第1日
靜岡站 | → | 靜岡淺間
神社 | → | 森內茶
農園 | → | 奧大井湖上站
住宿：川根溫泉飯店 |

| 第2日
寸又峽
夢之吊橋 | → | 川根
茶茗館 | → | KADODE
OOIGAWA | → | 靜岡站
（或前往靜岡機場） |

入住川根溫泉飯店，從房間就可以看到大井川鐵道

KADODE OOIGAWA與門出站相連

● 絕景茶園露台＆用宗港散策（靜岡站出發）

| 第1日
靜岡站 | → | GREEN 8
CAFE | → | 雅正庵
千代田本店 | → | 用宗
MINATO
溫泉 | → | MINATO YOKOCHO
（みなと横丁）
住宿：日本色 |

| 第2日
駿府工房
匠宿 | → | IHACHI農園
天空露台 | → | 靜岡站 |

GREEN 8 CAFE自家茶工廠旁有café及茶園露台，是近來熱門景點

IHACHI農園的天空露台，由茶農親自泡茶，愜意地賞茶園絕景

✿ 計程車

　　雖然計程車車資一向給人很昂貴的印象，但其實有時候遇到行李多又重、旅館不在車站旁邊、氣候不佳且剛抵達人生地不熟的地方、交通轉乘太花時間、無法順利接駁等情況時，可以考慮使用計程車代步，節省時間。不但可以省去很多等待大眾交通工具的時間，多逛幾個地方，也能增加觀光踩點效率。

無法隨機攔車的日本計程車

　　計程車前面會顯示「空車」(無載客)、「賃走」(載客中)、「回送」(無法營業狀態)、「迎車」(接送客人途中)等等燈號，即便是顯示空車狀態，也可能因為跨營業區域或是無法上下車區域內而不停車。建議讀者在飯店、車站、百貨商場附近的計程車招呼站攔車，或是請飯店櫃檯打電話叫車最為保險。

車資查詢方法

　　「taxisite」是最多人使用的計程車資訊查詢網站，可利用 GPS 所在地或是從地圖上直接選好「乘車地」(上車處)、「降車地」(下車處)、「有料・高速道路を優先使用」(是否使用付費道路)、「深夜料金を計算結果に適應する」(夜間 22:00 後車資加成)等選項，最後按下「料金を檢索」(車資檢索)鍵後，就可以看到提供參考的預估車資。

❶JR靜岡站北口左側計程車招呼站，隨時都有排班車／❷服務品質極佳的靜鐵計程車，司機先生會幫忙搬運行李／❸日本計程車車門由司機先生掌控開關，上、下車不用自己動手開門

豆　知　識

立刻計算
計程車車資

日本的計程車

　　小型計程車乘客最多4人，中型車可容納5人搭車。一般來說，未滿12歲的小孩3人為成人2位的計算方式。各計程車管理與車資計算有些許不同，靜岡縣內普通計程車起跳金額在600圓左右（伊豆地區為610圓），1公里約600圓，2公里約870圓。

最高信仰與
藝術的泉源——
富士山

　　日本第一高山——富士山雄偉佇立，用多種表情
展現神祕魅力，令人為之傾倒。富士山不死之山，
環抱自然、滋養大地，結合富士靈峰藝術與信仰，
廣闊的壯麗景色與歷史文化交織，至今仍是日本重
要的象徵之一。

靜岡茶口味葵煎餅上印著富士山圖案

發現富士山

富士宮、富士市一帶隨處可見富士山三角錐

可口可樂當地限定款—富士山(靜岡)

富士山圖樣便利貼

街道上富士山圖案消防栓

在靜岡縣，處處充滿富士山的身影。富士山煎餅、富士山圖案便利貼文具、街道上的標示牌等等，都可以在無意間發現富士山就在身邊。它的各種分身，藏在哪裡呢？

九合目標示，海拔3,460公尺

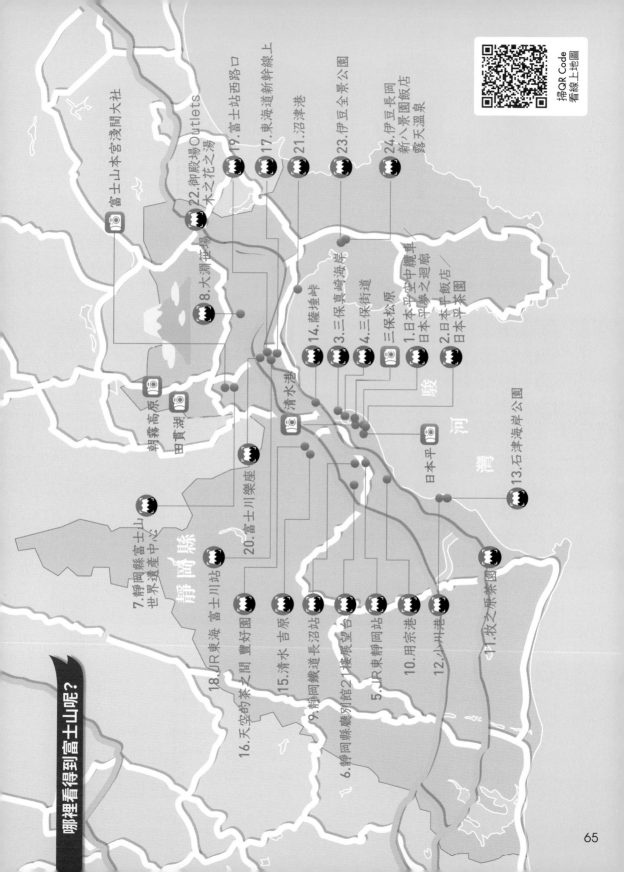

哪裡看得到富士山呢？

富士山本宮淺間大社

22.御殿場Outlets
木之花之湯

19.富士站西路口

17.東海道新幹線上

21.沼津港

23.伊豆全景公園

24.伊豆長岡
新八景園飯店
露天溫泉

8.大淵笹場

14.薩埵峠

3.三保真崎海岸

4.三保街道

三保松原

1.日本平空中纜車
日本平夢之迴廊

2.日本平飯店
日本平茶園

朝霧高原

田貫湖

清水港

駿

河

灣

日本平

13.石津海岸公園

7.靜岡縣富士山
世界遺產中心

靜岡縣

20.富士川樂座

富士川站

18.JR東海富士站

16.天空的茶之間豐好園

15.清水吉原

9.靜岡鐵道沼長站

6.靜岡縣廳別館21樓展望台

5.JR東靜岡站

10.用宗港

12.小川港

11.牧之原茶園

24處最佳拍攝點
追逐富士山身影

　　富士山是日本文化象徵的代表，標高 3776 公尺，位於靜岡縣與山梨縣之間。2013 年登錄為「富士山世界文化遺產」之後，富士山的知名度再次被推向高峰。來到靜岡觀光，「追逐富士山身影」已是公認必須達成的目標之一，那麼在靜岡縣內如何找富士山呢？集結人氣拍攝景點以及作者私藏景點，24 個角度讓你收穫富士山拍攝全輯！

PHOTO POINT 01
日本平夢迴廊（靜岡）

 日本平展望迴廊左側

 冬季傍晚

　　在日本平能同時眺望富士山與駿河灣美景，除了夢迴廊、吟望台、日本平石碑以外，也非常推薦日本平飯店的角度。

PHOTO POINT 02
日本平茶園（靜岡）

 日本平さくら通り停車場旁

4月底新茶季節

　　從日本平飯店庭園步行到此約 5 分鐘，自駕可將車停在旁邊的停車場。或是在日本平茶會館的茶園也能拍到茶園與富士山合影。

PHOTO POINT 03
三保真崎海岸（靜岡）

 真崎燈塔附近

冬季下午

　　三保半島最北端的位置，若事先查詢好駿河灣渡輪從清水港出發前往伊豆的時間，趁渡輪經過時一起拍攝將更生動活潑。

PHOTO POINT 04
三保街道（靜岡）

 三保街道SURUGA銀行三保出張所附近

 冬季下午

　　縣道 199 號三保駒越縣道是從清水到三保公車行經的主要道路，下午過後建築物會有陰影，需要把握好時間。

PHOTO POINT 05
JR 東靜岡站（靜岡）

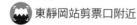

🗻 東靜岡站剪票口附近

🕐 冬季早上

　東海道新幹線班次多，若要將新幹線行經的身影一起納入畫面，等待時間不會很長。新幹線行駛速度很快，建議用連拍模式。

PHOTO POINT 06
靜岡縣廳別館 21 樓展望台（靜岡）

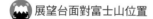

🗻 展望台面對富士山位置

🕐 冬季早上

　可不同角度觀望富士山、南阿爾卑斯群山與駿河灣。下午容易背光或光線較暗時室內會開燈造成反射，建議白天光線明亮時前來。

PHOTO POINT 07
靜岡縣富士山世界遺產中心（富士宮）

🗻 世界遺產中心鳥居附近，道路邊

🕐 冬季早上

　富士山世界遺產中心除了最上層的展望廳以外，3 樓落地窗或是 1 樓戶外也可以欣賞到很美的富士山角度。

PHOTO POINT 08
大淵笹場（富士）

🗻 茶園間道路

🕐 春季接近傍晚

　目前有停車場方便自駕前來，請遵照指示牌單向行駛。4 月初茶園長出新芽，能拍到翠綠色的茶園。

靜岡鐵道長沼站（靜岡）

🗻 前往新靜岡方向月台上

🕐 冬季白天

　前往新靜岡方向的月台上比較好找到電車
與富士山合影的角度，或是隔一站柚木站旁
的天橋上，能看到更完整的富士山。

牧之原茶園（牧之原）

🗻 牧之原台地

🕐 冬季白天

　除了牧之原台地茶園的最佳角度外，富士
之國茶之都博物館以及旁邊的牧之原公園也
都有機會可以找到富士山身影。

用宗港（靜岡）

🗻 用宗MINATO橫丁前

🕐 春天傍晚

　用宗 MINATO 橫丁、用宗魚市場附近眺望
富士山的角度，在用宗溫泉泡溫泉時也有機
會可以看到富士山。

小川港（燒津）

🗻 小川港魚市場

🕐 冬季清晨

　清晨時在燒津小川港拍攝，隨時間光線轉
換讓富士山充滿神祕感，絕對是觀光客不知
道的私密地點。

PHOTO POINT 13
石津海岸公園（燒津）

 公園內

冬季早上

從公園內隔著駿河灣眺望，視線正前方即是雄偉的富士山，令人讚嘆不已。距離小川港僅 5 分鐘。

PHOTO POINT 15
清水 吉原（靜岡）

 茶園附近

冬季清晨

根據天氣狀況吉原一帶清晨可能產生雲海，吸引許多攝影愛好家前來拍攝富士山。部分路段較狹窄開車請留意。

PHOTO POINT 14
薩埵峠（靜岡）

 薩埵峠展望台

冬季早上

欣賞富士山的知名地點，浮世繪大師歌川廣重的名作《東海道五十三次》中所描繪的薩埵峠，與現在的風景、角度幾乎相同。

PHOTO POINT 16
天空的茶之間 豐好園（靜岡）

 豐好園茶園露台

冬季早上

靜岡中部近年有很多絕景茶園露台，能在大自然中放鬆喝茶。豐好園的茶園露台說不定有機會看到富士山。

PHOTO POINT 17
東海道新幹線上（富士）

🗻 富士川鐵橋附近

🕐 冬季

東海道新幹線行經富士川鐵橋附近時可以找找富士山有沒有露臉，另外在富士站與三島站月台也有機會看到富士山。

PHOTO POINT 19
富士站西路口（富士）

🗻 車站天橋側建築物2樓

🕐 冬季午後

富士站北口富士山西路口（富士駅西）紅綠燈附近能從商店街看到富士山，下午有點背光，需要抓好角度。

PHOTO POINT 18
JR 東海 富士川站（富士）

🗻 JR東海電車上

🕐 冬季

JR 東海電車從清水站出發上行方向，行經興津站、由比站、蒲原站、富士川站、富士站區間時而能看到富士山現身。

PHOTO POINT 20
富士川樂座（富士）

🗻 富士川樂座2F展望台

🕐 初夏白天

富士川樂座不只是高速公路休息站，也有一般道路的出入口可以前往。展望台以外還有面富士山的餐廳、摩天輪都能欣賞富士山。

PHOTO POINT 21
沼津港（沼津）

🗻 沼津港魚市場港邊一側

🕐 冬季早上

沼津港魚市場、魚市場IFO、大型展望水門靠漁港這一側比較容易看到富士山。

PHOTO POINT 22
御殿場 Outlets 木之花之湯（御殿場）

🗻 溫泉設施外

🕐 初夏傍晚

御殿場 Outlets 內有許多地方能看到富士山，作者最新推薦是日歸溫泉「木之花之湯」，能一邊泡湯一邊看富士山。

PHOTO POINT 23
伊豆全景公園（伊豆之國市）

🗻 碧露台水池

🕐 冬季

伊豆全景公園葛城山頂有設置幾處富士山觀賞點，運氣好的話，說不定能看到碧露台水池中倒映的逆富士。

PHOTO POINT 24
伊豆長岡 新八景園飯店 露天溫泉（伊豆之國市）

🗻 飯店 露天溫泉

🕐 秋季白天

新八景園飯店位在伊豆長岡溫泉的高台處，而且露天溫泉在飯店頂樓，能一邊泡湯一邊欣賞富士山。請注意，有事先申請採訪許可才能拍照。

戀人聖地遠眺富士山，
挑對時節還可順道賞梅

Kayo日本慢活旅行提案

日本平位於靜岡縣中部有度山北側的丘陵地帶，隔駿河灣與伊豆半島遙相對望。日本神話中，日本武尊平定天下時，從這裡眺望四方而得此名。不同角度欣賞富士山有百般風味，隔著廣闊青翠的茶園，眺望富士山山峰，不但曾被票選為「戀人聖地」，也獲選「日本夜景遺產」，可說是欣賞富士山絕景的好地方。天氣好的時候爬上電視台訊號發射台旁邊的階梯，可以通往展望台欣賞富士山，從日本平的吟望台眺望到的富士山，堪稱一絕。

日本平的梅花季

在1、2月時拜訪日本平的話，可以在日本平石碑附近的日本平梅園欣賞梅花盛開。天氣好的時候，還可以同梅花與富士山一起入鏡。

❶日本平富士山夜景（照片提供／蔡承熹）／❷日本平梅園梅花盛開時／❸久能山東照宮（照片提供／蔡承熹）／❹日本平電視台訊號發射台附近櫻花盛開時

日本平空中纜車 (Nihondaira Ropeway)

瞭望屏風谷陡峭山壁與駿河灣海岸絕景

從日本平,可搭乘空中纜車至戰國大將德川家康初選的長眠之地——久能山東照宮。日本平纜車全長 1,065 公尺,從日本平站到久能山站只需要 5 分鐘。纜車導遊沿途解說相關歷史、周邊地理與眼前景色,旅客邊欣賞眼前屏風岩峭壁與駿河灣景色,來一趟愜意的空中旅行。

一般來說,纜車前往目的地時會往上攀爬,但日本平空中纜車的特別之處,即是在迎向久能山時一路下降,能遠眺駿河灣浩瀚海岸線。初夏是滿山翠綠,秋天可見紅葉山谷,途中所見風景美不勝收。

📧 靜岡縣靜岡市清水區草薙597-8 🕐 日本平站發車09:10～16:45,如遇旺季、國定假日人潮擁擠時可能變更時刻表運行 💲 成人單程700圓、來回1,250圓,孩童(4歲～12歲)單程350圓、來回630圓。日本平纜車來回／東照宮參拜成人1,750圓、中學生1,450圓、小學生830圓 ➡️ 從JR靜岡站出發,搭乘靜鐵公車日本平線,行經日本平飯店與日本平纜車(日本平ホテル・日本平ロープウェイ行き)方向,最後一站下車即是日本平纜車站 🌐 ropeway.shizutetsu.co.jp/zh 🔢 25 506 361*28 🗺️ P.65

豆 知 識

纜車小百科

很多人可能不知道,在日本,纜車(索道)屬於「鐵道事業法」規範管轄,受「國土交通省」下的「鐵路局」管理。這意味著,纜車不單只作為觀光娛樂設施,對於載乘旅客的安全性標準非常嚴格,也因此可以感受到日本鐵道業者「做事嚴謹、講求安全」的良好態度。

❶日本平纜車日本平站販售「絆之鍵」(愛之鎖),可作為紀念,心繫日本平／❷日本平纜車自日本平站出發

貼心小提醒　前往久能山前先在月日星用餐

久能山一側沒有餐廳,所以若是出發前需要補充精力,可以在日本平夢之迴廊、日本平纜車站TAIRAGI,或是日本平石碑停車場附近「月日星」用餐,作者私房推薦必吃使用川根產無農藥茶葉與北海道紅豆特製而成的「綠茶鯛魚燒」,一口咬下去靜岡茶的香味在口中濃濃散開,巧妙的緩和紅豆餡的甜度,或可選擇綠茶內餡,僅有在靜岡才能品嘗到的口味,是非常具當地獨特風味的鯛魚燒。

❶海鮮丼飯套餐裡有靜岡海鮮、靜岡茶蕎麥麵、安倍川麻糬等靜岡多種特色名產／❷使用靜岡茶粉製作的綠茶鯛魚燒／❸位於日本平石碑附近的月日星餐廳,天氣好的時候可以從2樓餐廳眺望富士山

久能山東照宮

靜岡縣內唯一國寶

歷史淵源

久能山標高 216 公尺，山下有 17 彎處。久能山曾與日本平地面鄰接，經歷長久風雨侵蝕、地震與地殼變動影響，如今僅留下堅硬的部分，形成孤山斷崖。6 世紀初期，久能忠仁在此建造久能寺，山名的由來緣起於安置觀音佛像。1568 年，戰國武將武田信玄統治此地，意識到久能山在地理位置上為險要之地，因此遷移山上的久能寺，在久能山建築城堡。後來武田勢力被織田信長與德川聯軍降伏，久能城後歸德川勢力管轄。

德川家康在統一天下後榮登為征夷大將軍，他結束戰國時代，復興各種產業、學問與文化，開啟太平之世，在歷史上占有重要的一席之地。之後，德川家康選擇在駿府城度過晚年，1616 年 4 月 17 日於駿府城去世，享年 75 歲。臨終前還叮囑家臣，將自己的遺骸埋葬在久能山，二代將軍德川秀忠便按照其遺囑把遺骸遷移到久能山，在久能山興建祭祀德川家康的神社，建造神殿。當時選任了曾營建名古屋城 (國家指定特別史跡)、二條城 (國寶、世界文化遺產) 的名工匠——中井正清，花費 1 年 7 個月營建久能山東照宮。

❶拜殿前方的唐門／❷富麗堂皇的本殿，極盡絢爛朱紅色彩之美／❸久能山東照宮

貼心小提醒 **搭公車前往久能山下注意事項**

從JR靜岡站搭乘不需轉乘的公車至「久能山下」班次較少，需要留意。建議可從JR靜岡站南口搭乘靜鐵公車「石田街道」線至終點「東大谷」下車(約25分鐘)，再從「東大谷」轉乘公車到終點「久能山下」下車(約10分鐘)。

從JR清水站搭乘「山原梅蔭寺」線至「久能山下」的公車(約30分鐘)不需轉乘，但是班次較少。

必看亮點

以日光東照宮為首，全國各地多數的東照宮皆按久能山東照宮的原型所建造。2010年被指定為「國寶」(國家級文化財)，這裡也是靜岡縣內唯一的國寶。依照德川家康遺囑建造的久能山東照宮，社殿採用當時最高建築技術與藝術的「權現造」(神社建築的一種)，色彩繽紛，富麗堂皇，是江戶時代非常具代表性的建築。以神社建築樣式的御神殿為首，日枝神社、神庫、神樂殿、鼓樓、樓門等15棟建築物都塗上五彩繽紛的彩漆，各處雕刻與色彩加工都是當時令人瞠目結舌的藝術作品，目前皆為重要的珍貴文化財。

欣賞久能山東照宮的華麗建築雕刻時，千萬不可錯過的精華要點有以下幾處：「正殿」的正面上部是司馬光打破水缸救小孩的破甕圖，提倡生命寶貴；「唐門」上「唐朝獅子牡丹」雕刻是告誡人要鍛鍊身心，如百獸之王唐獅子般的勇猛，如牡丹般的優美。戰爭時因為金屬大量被作為武器使用，以食用鐵、銅維生的靈獸貘無法存活，在「樓門」上的靈獸貘雕刻，也有蘊含世界和平共處的心意。

重要定位

目前，整個久能山區都被指定為國家的歷史遺跡，雖然一般知名度遠遠不及日光東照宮，但這裡是德川家康在過世後首先被選為下葬的地方，日光東照宮的建造更遠比久能山東照宮晚19年。日光東照宮以一般人供奉為目的而建造，但長久以來，久能山東照宮卻扮演了近家墓的角色。至今，重要的祭拜典禮活動，也都是先在這裡舉辦，而後才是日光，無形之中也讓久能山東照宮更多了一分神祕感。

每每來到久能山東照宮，都可以感受到不同的心情與景色。春天櫻花開，夏天一片翠綠，秋天楓紅，冬天蕭瑟嚴肅，隨到訪季節不同，四季景色都有不同的感受。

✉靜岡縣靜岡市駿河區根古屋390(社務所) ⏰09:00～17:00 💲社殿大人500圓、孩童(小學生、中學生) 200圓，博物館大人400圓、孩童(小學生、中學生) 150圓，共通券大人800圓、孩童(小學生、中學生) 300圓 ➡搭乘日本平纜車；或從JR靜岡站或JR清水站搭公車至「久能山下」下車後步行上山，爬行1,159階梯。步行上山約20～30分鐘 http www.toshogu.or.jp/tw

❹從唐門望外／❺德川家康家徽——葵紋／❻德川家康埋葬之處——神廟／❼在日本平纜車久能山站附近眺望駿河灣與石垣草莓園／❽供奉德川家康的御社殿

日本平 夢之迴廊
以幾何展現大自然木枝的結構

「日本平夢陽台」（日本平夢テラス）或稱「夢之迴廊」，從展望迴廊可以 360 度眺望清水市街、富士山、南阿爾卑斯群山、駿河灣，綿延至伊豆半島。頂著建築大師「隈研吾」設計師事務所的作品之名受到多方注目。使用靜岡產的檜木，獨特的幾何設計中不僅能感受像木枝般的複雜性，回歸與自然景觀相依相襯的本質，讓眺望富士山自然景觀與展望迴廊建築和諧不衝突，不搶了富士山最美的風采。

日本平 夢之迴廊（日本平夢テラス）
✉ 岡縣靜岡市清水区草薙600-1 🔗 nihondaira-yume-terrace.jp 📷 @yumeterrace 🚇 25 506 488*21 🗺 P.65

❶3樓外面是360度的展望迴廊展望樓層，能欣賞富士山、駿河灣、三保松園、靜岡市區風景／❷夢之迴廊內部

 日本平纜車站伴手禮店 門前之惠 TAIRAGI
德川家康理念的養生餐食

歷史老舊的日本平纜車站大變身，門前之惠 TAIRAGI 紀念品店不僅有伴手禮還有美食小吃。源自與德川家康有深厚關係的「松平家」、「泰平之世」中「平」（TAIRA），以及縱橫交錯棋盤式規劃的駿府城下町的設計概念，期許「門前之惠 TAIRAGI」可以聚集許多人，像城下町般的熱鬧；TAIRAGI 在日語中也有平穩、疾病治癒的意味，隱含祈求來訪者身體健康的意涵。

這裡還有個特別供應，打開水龍頭，一年四季都能喝到 100% 不加糖、不摻水的純靜岡蜜柑果汁。食堂提供幾類和食套餐，最推薦的是「大御所御膳」，混合黃豆粉的蕎麥麵、當地久能蔥、麻機蓮藕、切塊的蔬菜天婦羅，是按德川家康健康養生概念設計的菜單，採用了大量靜岡在地食材。

日本平纜車站伴手禮店 門前之惠 TAIRAGI（門前の惠みたいらぎ）
✉ 靜岡縣靜岡市清水区草薙597-8 🔗 www.shizutetsu-retailing.com/nihondaira-pcp 📷 @nihondaira_shop 🚇 25 506 488*21

❶大御所御膳／❷概念源自安倍川麻糬，家康公看到上面閃閃發光的黃豆粉覺得是個好兆頭，大御所御膳的蕎麥麵加入黃豆粉煉製，應該也會深得家康公的喜歡

日本平飯店

完美展現富士山之壯麗

不少人首次知道日本平飯店是來自日劇《華麗一族》中，木村拓哉飾演的萬俵鐵平，從家族豪宅的庭園眺望清水港與富士山一景。重新打造後在 2012 年落成的日本平飯店，更加展現出清水港結合富士山氣勢之磅礴。充滿美學的日本平飯店更有「風景美術館」美稱，坐擁富士山、三保松原、駿河灣、清水港，天黑後寶石般點綴的清水市街夜景，更是令人讚歎不已。

日本平飯店目前是接待外賓與國家級重要元首代表的靜岡迎賓館，以頂級的料理和摩登概念的新設計聞名。80 個住宿房中有 62 室是庭園側，從房間望出去的景色，美到讓人猶豫是否要拉上窗簾，深怕一睡錯失了在晴朗清晨欣賞富士山的好時機！登上房間陽台上的頂級觀望台，更是令人不自覺希望時間停佇在眺望富士山的這一刻。若有機會。不妨入住日本平飯店，被富士山喚醒的早晨，一定非常美好！

即便搶不上超人氣的日本平飯店預約，沒有住宿也可以在這邊用餐，進行庭園散策。

Terrace Lounge 提供午晚餐，午餐 3,700 圓起，可選擇魚或肉的主菜，再加上沙拉、甜點吃到飽的自助吧，以整體 CP 值來說，可說是高貴而不貴。落地窗邊的沙發席從 10:00 ～ 19:00 提供蛋糕與咖啡茶點，在這裡悠閒地度過午後時光，相信也是令人難忘的回憶。

✉ 靜岡縣靜岡市清水區馬走1500-2 🕐 Terrace Lounge 10:00～19:00 🚌 從JR靜岡站出發，搭乘靜鐵公車「日本平」線到「日本平飯店(日本平ホテル)」下車；或在JR靜岡站南口／JR東靜岡站南口搭乘免費接駁巴士。(接駁車座位不多，以住宿房客優先，非住宿或餐廳消費客人，請不要搭乘日本平飯店免費接駁車) 🌐 www.ndhl.jp 📱 25 536 186*25 MAP P.65

❶早晨從飯店房間眺望富士山／❷主食選品牛排／❸料理精緻的自助式午餐／❹日本平飯店甜點與下午茶用餐區域／❺清晨駿河灣與富士山風景

貼心小提醒　午餐務必提前預約

日本平飯店大落地窗旁的Terrace Lounge餐廳座位不多，中午兩場用餐時間都採預約制。下午茶或蛋糕套餐甜品沒有預約制，直接排隊。預算高一點的話，日本平飯店裡也有其他餐廳可供選擇。

出發！日本平小旅行

　　「日本平1日小旅行方案」（日本平1dayプラン，Nihondaira One Day Plan）是靜岡鐵道與久能山東照宮、日本平飯店、日本平夢之迴廊攜手推出的旅行套票，內含「日本平纜車來回票、久能山東照宮參拜門票、日本平飯店Terrace Lounge蛋糕&飲料套餐」。這組套票專為自由行的旅人設計，不用事先報名，可隨個人心情隨時出發。

　　抵達日本平後，先至日本平纜車站櫃檯以現金購票，收款證明與入場兌換券後請記得收好，之後每一個訪點都需要提交入場（僅提供成人票）。

行程順序

　　先搭日本平纜車到久能山東照宮參拜，結束後前往夢之迴廊散步眺望富士山美景，再到日本平飯店吃甜點。蛋糕套餐有多種日本平飯店自製的手工甜點可選擇，但數量有限，需看當日庫存；飲料可選擇紅茶或咖啡，無限暢飲。

貼心小提醒 行程安排注意事項
- 日本年末跨年連假、GW黃金週連假以及天候不佳設施有休館時不會販售。
- 若回程已經沒有下山的公車，可以搭乘日本平飯店的免費接駁車回到靜岡車站南口。

從日本平展望迴廊眺望富士山

不習慣吃太甜的人可以選擇口味清爽的「白乳酪慕斯&檸檬馬鞭草果凍」

「茉莉茶香巧克力蛋糕」散發淡淡茶香味，非常順口

手工甜點種類眾多，各具特色

賞富士 SPOT ② 三保

富士山與海岸交織，
自行車浪漫遊三保

　　位於靜岡市清水區的三保半島面駿河灣、眺望富士山，翠綠的松林蔓延 7 公里海岸線，隔著駿河灣就看到伊豆半島。獲選「新日本三景」，也是「富士山登錄世界文化遺產的構成資產之一」。從《萬葉集》開始，三保松原自古以來是許多和歌、繪畫、浮世繪作為故事取材的背景，許多藝術作品留傳至今。浪漫的羽衣傳說，讓人對三保的自然風光更增添無比的想像。

❶清水燈塔，其頂部風見鶏(風向標)為天女模樣，別有一番特色／❷騎著腳踏車進入兩側都是松樹的道路，輕鬆愜意／❸御穗神社繪馬／❹三保半島東北方海岸，海岸線平穩寬闊

三保玩樂地圖

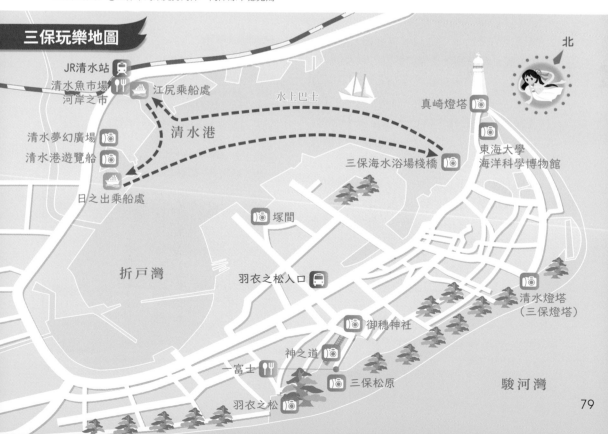

JR清水站
清水魚市場
河岸之市
江尻乘船處
水上巴士
真崎燈塔
北
清水港
清水夢幻廣場
清水港遊覽船
三保海水浴場棧橋
東海大學
海洋科學博物館
日之出乘船處
塚間
折戶灣
羽衣之松入口
清水燈塔
（三保燈塔）
御穗神社
神之道
一富士
三保松原
駿河灣
羽衣之松

△ 三保逍遙遊交通方式

除了從 JR 清水站或靜岡鐵道新清水站搭乘公車前往三保半島以外，也可以選擇搭乘行經清水魚市場 河岸之市，與夢幻廣場附近碼頭的「水上巴士」前往三保。若想要更機動性的移動，騎腳踏車奔馳在三保海岸邊尋找富士山的身影，再逍遙不過。

夢幻廣場附近，日之出碼頭水上巴士搭船處

豆知識

帶起靜岡腳踏車新風潮的德川慶喜

靜岡市腳踏車的標誌上是德川幕府第15代將軍——慶喜公的可愛畫像。幕末大政奉還，德川慶喜卸下將軍一職後在駿府(現：靜岡市)悠閒地度過20餘年。退位後的德川慶喜不再干預政治，只專心在自己的興趣。據說德川慶喜很喜歡騎腳踏車在街上兜風，這些小故事也有被記載在當時的新聞裡，也因此，有慶喜公為靜岡市帶來腳踏車的流行風潮一說。

△ 租借腳踏車

靜岡市的腳踏車租借目前有兩種，由各個飯店或觀光設施加入「靜岡市自行車 Network 協議會」（靜岡市自転車ネットワーク協議会）後自行營運管理，無法 A 地借 B 地還。只要在腳踏車上有「けいきさん」（KEIKI San）標誌的飯店、觀光設施裡，就可以租借腳踏車，費用 500 圓。另外還有靜岡市公共自行車「PULCLE」系統，都是電動自行車，近來 PULCLE 數量較多，提供的點也很多。可以下載 APP（有中文對應），從 APP 的地圖上選擇租借地點及確認歸還處，或是先在網頁版登錄。

貼心小提醒

KEIKI San腳踏車租借注意事項
① 借出歸還(營業)時間各設施不同。
② 借出時需填寫申請書。
③ 歸還與借出為同一地方(不可A地借B地還)。
④ 乘車身高最低137cm或139cm，沒有母子車，腳踏車不能雙載。

日之出碼頭遊覽船／水上巴士乘船處可租借腳踏車

租借地點

清水：河岸之市／日之出棧橋附近／清水夢幻廣場 (S-Pulse Dream Plaza) ／ S-Pulse Dream Ferry 日之出遊覽船・水上巴士乘船處

遊覽路線

若從清水車站這一帶租借腳踏車帶上水上巴士，會行經「江尻」(河岸之市)～「日之出」(夢幻廣場附近)～「三保」路線，約25分鐘。避免水上巴士行進中腳踏車會搖晃，上船後請再次確認是否固定安穩。

三保棧橋➜真崎燈塔➜清水燈塔

抵達三保棧橋後，採順時針或逆時針遊三保皆可，考慮回程不一定會搭船的話，建議採逆時針方向環島。水上巴士移動途中可一邊欣賞富士山，看到的燈塔即是三保半島北邊的真崎燈塔，這一帶也很有機會欣賞到小型風帆或是與練習獨木舟的運動少年巧遇。繞過最北端的真崎燈塔與東海大學海洋科學博物館後，轉向蒼翠松林小徑。

在翠綠松樹林裡騎腳踏車約10分鐘後，來到清水燈塔。清水燈塔自明治45年(1912年)啟用，超過100年歷史的它，現在仍為這一帶船隻照耀光明。羽衣傳說深植靜岡人心，連燈塔頂端的風向標都是天女的樣子。

KEIKI San 自行車租借
💲1次500圓　🔗 www.city.shizuoka.lg.jp/000_004200.html

HELLO CYCLING
💲15分鐘70圓，12小時約1,000圓　🔗 pulcle.jp/#port(登錄網址www.hellocycling.jp/app/login)　📷 @pulcle

豆　知　識

浪漫羽衣傳說

傳說漁夫伯梁在三保松原海邊釣魚時，看到松樹上掛了一件漂亮的衣服。伯梁一時心生歹念，想要順手牽羊帶走美麗衣裳時，突然有位漂亮仙女出現，懇請伯梁好心還她羽衣，否則無法回天上。動了憐憫之心的伯梁跟仙女達成協議，用天女之舞作為交換條件，把羽衣歸還給她。天女穿上羽衣後翩翩起舞，漸漸消失在富士山那一頭。

❶搭乘水上巴士前往三保時所看到的富士山景色／❷清水燈塔為日本最早的鋼筋燈塔，文化價值極高／❸PULCLE公共自行車

❶三保街道眺望富士山風景／❷從海岸邊眺望松原與富士山／❸羽衣之松入口／❹安倍川麻糬&靜岡茶點心套餐／❺莊嚴清淨的御穗神社／❻兩側松樹高大，綠意盎然庇護神之道

羽衣之松➡一ふじ➡御穗神社➡神之道

進入「遊步道」指標後，需下車步行進三保海灘。羽衣傳說緣由的羽衣之松就在這邊。天氣晴朗的時候，可以從這一帶看到富士山、三保海邊、松原集合於眼前的壯麗景色。

三保松原入口附近有一些販賣土特產紀念品的店鋪，一ふじ (Ichifuji) 提供靜岡名產安倍川麻糬與靜岡茶的點心套餐，冰淇淋的人氣也極高。

根據靜岡當地史料記載，御穗神社保存當時天女的羽衣碎片，穿越松原往御穗神社方向移動時可以看到神之道，拜訪御穗神社前，神明都會通過此道。神之道兩側樹齡高達 300～400 年，依資料記載，推測最古早的羽衣之松原生樹應該是在此，從御穗神社延伸到三保松原之間約 500 公尺，肅穆又莊嚴。

在清水車站一側 (河岸之市、清水夢幻廣場) 租借腳踏車的旅客回程時不用等待水上巴士，經由三保街道沿國道 150 號直接騎回清水夢幻廣場即可，約 20～30 分。

一富士（一ふじ）
✉ 靜岡縣靜岡清水區三保1338-41 🕘09:30～16:30 http
www.mihomi.co.jp/ichifuji ㎞ 800 273 003*84 MAP P.79

御穗神社
✉ 靜岡縣靜岡清水區三保1073 🕘08:00～17:00 ㎞ 800 272 566*84 MAP P.79

貼心小提醒 搭乘公車請在「三保松原入口」上、下車

直接行經世界遺產三保松原站牌的公車僅限週末、假日且班次少，建議在「三保松原入口」下車，步行至羽衣之松約15分鐘，公車班次較頻繁。

賞富士 SPOT 3 清水港

欣賞海與富士攜手演出，
走訪櫻桃小丸子故鄉

　　靜岡市觀光詢問度很高的清水港周邊景點，就位於櫻桃小丸子的故鄉——清水之內。清水港面接日本第一深海灣——水深 2,550 公尺的駿河灣，大約位在靜岡縣的中間位置。因有三保半島如防波堤的保護，清水港內波浪相對較穩定，從清水港可以眺望富士山與其他連峰，風景優美，被認定為美麗的港口。

　　清水港自日本戰國時代～江戶時代 (1500 年代～ 1700 年) 開始作為軍事要地，也被作為海陸交易重要港口；此外，這裡也是日本結束鎖國時期「開港」的指定場所之一。至明治時期產業近代化，靜岡茶的出口、柑橘、罐頭、機車、樂器等等隨工業發展，更將清水港的機能提升。

❶清水港邊眺望富士山／❷濱海區一角／❸清水高空遊覽，可看到富士山與瞭望清水港景色的摩天輪

富士山清水港遊覽船（清水ベイクルーズ）

海與富士全景演出的美好旅程

JR 清水站東口與靜岡鐵道新清水站附近，都有公車或免費接駁巴士可前往清水夢幻廣場。在清水夢幻廣場下車後，往越過摩天輪 2 點鐘方向，步行約 5 分鐘，就可以看到遊覽船購票處與乘船處。

以「海與富士全景演出的美好旅程」為中心主軸，富士山清水港遊覽船是清水港灣內的觀光船，旅程是 35 ～ 45 分鐘。清水港內的遊覽船有上下兩層，空間相當寬敞。船內有販賣果汁、咖啡、生啤、靜岡地酒等酒精類飲料，也有霜淇淋、餅乾等點心，可在船

內邊享用零食、飲料進行清水港灣之旅；或是到最上層甲板 360 度全視角眺望富士山與清水港風景。冬季在甲板上可以看到海鷗飛翔，還可以購買飼料餵食；夏天因為霧氣較重的關係，要看到富士山需要點運氣。

✉ 靜岡縣靜岡市清水區港町 1-410 3 ➡ 可搭乘清水夢幻廣場免費接駁巴士，或在 JR 清水站搭乘靜鐵公車往三保方向，在「波止場フェルケール博物館」下車，步行約 3～4分鐘 http www.shimizu-cruise.co.jp/tw Ⓞ @shimizu_minato_cruise MAP P.79

❶富士山清水港遊覽船乘船處／❷冬季在甲板上欣賞海鷗群集／❸遊覽船內2樓，採光佳，多數是靠窗座位

清水夢幻廣場

清水港發祥地上的清水代表性地標

鄰近清水港邊的清水夢幻廣場 (S-Pulse Dream Plaza)，是清水最具代表性的地點之一。集結了壽司店 (清水壽司橫丁)、土特產伴手禮店、生鮮超市、個性 café，與餐廳、美食街、時尚雜貨、和風紀念品店鋪等等，還有可以飽覽清水港景觀的摩天輪。

✉ 靜岡縣靜岡市清水區入船町13-15 Ⓒ 一般店鋪10:00～20:00，餐廳11:00～21:00 ➡ 可搭乘清水夢幻廣場免費接駁巴士；或在 JR清水站搭乘靜鐵公車往三保方向，在「波止場ノェルケール博物館」下車 http www.dream-plaza.co.jp

清水夢幻廣場濱海區內進行夕陽散策

櫻桃小丸子樂園（ちびまる子ちゃんランド）

櫻桃小丸子迷必去

櫻桃小丸子樂園完整呈現日本國民漫畫、動畫知名人物——櫻桃小丸子的生活世界，是靜岡旅遊的熱門景點。故事背景是 1970 年代（昭和年代）的清水，在清水小鎮上生活的櫻桃一家，還有櫻桃小丸子三年四班的同學們。故事內容圍繞在闡述生活小事與日本文化上，雖然再普通不過，但也因此貼近大家的心。

春天賞櫻，夏天穿著浴衣去參加祭典，秋天賞楓或吃季節點心，冬天賞富士山景色等等，隨著季節變化從事不同活動，日本人的生活習慣也反映在櫻桃小丸子樂園的場景裡。踏進櫻桃小丸子「有料區」（付費區），即可見到櫻桃家的生活實況。

廚房一景爸爸拿著啤酒與零食，餐桌上的西瓜擺飾也增添了夏天樂趣；炎炎夏日中爺爺、奶奶在客廳裡聊天，一邊喝著彈珠汽水；榻榻米上加熱水壺的爐子充滿日式風格，小丸子與小玉悄悄拿媽媽的化妝品玩扮家家酒、演貴婦對話，拉門一開卻驚見媽媽生氣的臉孔，不禁讓大家為小丸子又惹人生氣的一幕笑了出來。

從家裡到學校的上學途中，可以看見對植物充滿愛心的佐佐木爺爺和喜愛巴川的川田先生；經過稚兒橋，丸尾班長跟小丸子在校園前面迎接大家；走進教室裡，學識廣博、教學認真的戶川老師已經在這裡等候上課；下課後的公園玩耍時光，小丸子跟小玉在板凳上說悄悄話，人氣王大野與同學們在操場上嬉戲。

❶入口處設置華麗小丸子金色立體雕像，代表新氣象好兆頭／❷家中場景：客廳裡爺爺奶奶聊天中／❸家中場景：姐姐正在散亂的房間裡大發雷霆／❹付費區入口有小丸子迎接大家／❺家中場景：爸爸從廚房冰箱拿出最愛的啤酒／❻丸尾班長跟小丸子在學校前等候大家

2020年夏天櫻桃小丸子樂園重新翻修隆重登場，除了原本小丸子家與學校風景的「小丸子的日常」以外，還加進了以動漫片頭曲命名的「充滿夢想」，以及「小丸子的夢想遊樂園」等不同區域。

走進圖書室小空間裡，不僅有各種語言版本的《櫻桃小丸子》，更新增小丸子小劇場，精選播放早期人氣的櫻桃小丸子卡通。改裝後，櫥櫃上展示了許多作者櫻桃子老師的手稿，以及見證昭和時代的收藏品，包含幾何

學插畫盒子、友藏爺爺俳句、中日新聞四格漫畫手稿、櫻桃小丸子手繪稿等等。「原來《櫻桃小丸子》漫畫書就是這樣誕生的呀！」親眼見證的粉絲一定會萬分感動。

「充滿夢想」區域中的每個景都是拍照點，角色設定是在小丸子的睡夢中，會看到睡夢香甜的小丸子。其中，小丸子與星空剉冰這一幕非常特別，星星閃閃發光集結在剉冰上，閃閃發光的星空與剉冰形成奇幻的景色，小丸子在一旁笑得瞇眼。

❶紀念品區擴大營業，除了可以吃的伴手禮外，原創商品與和其他商家的合作商品也可以在這裡買到／❷櫻桃小丸子原創商品／❸據說小丸子瞇眼笑的表情是首次登場在真實立體場景中，非常難得／❹搭配《充滿夢想》主題曲，小丸子正在睡夢中／❺美術監督野村可南子設計的素描壁畫，呈現小丸子的學校跟清水街景／❻小丸子與家人的靜岡茶娘的裝扮，是新設計，意會大家熟悉的靜岡印象，也有不少用這個新設計的原創紀念商品／❼小丸子小劇場播放約10～15分鐘左右，難得可以欣賞到早期畫風的小丸子卡通

⑧小丸子神社／⑨小丸子神社籤詩／⑩ 有小丸子專屬郵戳的小丸子主題館郵筒／⑪3年2班教室／⑫小丸子神社籤詩置放處／⑬小丸子神社專屬繪馬

　　再進到以 2000 年動漫片頭曲的世界觀所打造的「小丸子的夢想遊樂園」，搭配琅琅上口的《大家來跳舞》旋律，加上立體富士山光雕投影，就像進入小丸子的夢想世界裡。片頭裡小丸子搭雲霄飛車高舉雙手的畫面也在這裡真實呈現，可以與小丸子一起高舉雙手拍照留念。

　　免費區裡販售著許多小丸子周邊、聯名或是限定商品，重度小丸子迷們，應該會在這邊「卡」很久！特別的是，除了可在小丸子神社拍照留念外，還可以抽籤，每張籤詩都有特別圖案，由櫻桃子老師繪製；或是購買明信片後，向櫃檯購買郵票，投入小丸子主題館的郵筒，將會得到特別的郵戳。櫻桃小丸子真人玩偶在每天 11:30 和 14:00 會出現與大家相見歡，週末假日加碼 15:00 還有一場，可以拍照留念。

✉靜岡縣靜岡市清水區入船町13-15 🕙10:00～20:00(最後入館 19:30) 💲成人(中學以上)1,000圓、孩童(3歲～小學生)700圓 ➡同清水夢幻廣場 http www.chibimarukochan-land.com ◎@chibimarukochanland_chinese MAP P.79

朝霧高原

淺間大社參拜祈願，
近距離一賭富士風采

　　位於富士山西麓，沿著國道 139 號發展的朝霧高原畜牧業，把富士山當作最好的靠山。作為最高信仰所在——富士山登山口知名的富士宮，富士本宮淺間大社的崇高地位不可動搖。富士山腳下欣賞美麗的自然生態，在田貫湖享受森林芬多精洗禮。這裡是與富士山近距離親近的土地，涵蓋自然與信仰共生多種面向，參拜富士本宮淺間大社、享受酪農恩惠美味的乳製品、在田貫湖尋覓富士山倒影，走訪朝霧高原一趟，一定會成為富士山超級粉絲。

❶富士山本宮淺間大社樓門／❷富士山本宮淺間大社外圍鳥居旁就是富士山世界遺產中心／❸朝霧高原Food Park園內眺望富士山

❶富士山本宮淺間大社拜殿／❷湧玉池水常年保持在13度左右，且乾淨透澈／❸天然紀念物湧玉池邊水屋神社／❹淺間神社建築最大特色「淺間造」／❺神田川／❻古代富士登山者在出發前會參拜富士山本宮淺間大社，用湧玉池的乾淨泉水淨身洗禮，以示重視對富士山的敬畏並祈求成功攻頂／❼淺間大社富士山繪馬／❽富士山御靈水湧玉池標註石碑

富士山本宮淺間大社

最高信仰之所在

2013 年富士山成功登錄為世界文化遺產，成為日本第 17 座世界文化遺產，以「富士山——信仰之對象與藝術之泉源」的名稱登錄；由富士山本身與其周邊山域信仰遺跡群、富士五湖等自然景觀共 25 處構成。

位在富士宮市的富士山本宮淺間大社之主祭大神「淺間大神」，被認為是富士大神(富士山本身)，人們為了平息富士山爆發的怒火而供奉，也是全國 1,300 多間淺間神社的總本社。

富士山本宮淺間大社受源賴朝、武田信玄、德川家康等多名武將尊崇，關原之戰勝利後的德川家康下令興建許多社殿酬神，也把富士山八合目以上土地捐贈淺間大社，至今仍為富士山本宮淺間大社的所有地。

從 JR 富士宮站出發，在「淺間大社前」路口附近的鮮豔朱紅色鳥居是第二鳥居，一般參拜由此開始，天氣晴朗時可以看到富士山。境內種植 500 棵櫻花樹，春天賞櫻季節

湧入許多參拜民眾。穿越參道後，本宮的樓門、鮮豔的拜殿、淺間信仰專屬的「淺間造」建築設計，作為供奉富士山的代表神社，淺間大社莊嚴神聖，一點都不馬虎。

參拜神社後，可以再繞到後方的「湧玉池」，湧玉池是擁有富士山湧水的水池，而「水屋神社」則是湧玉池的代表神社。湧玉池被視作御靈水，提供民眾自由取用聖水。

據說古時候人們登富士山前，會先來參拜富士宮淺間大社，在湧玉池淨身，祈求登山旅途平安順利。不僅是出於對富士山的敬畏，富士山本宮淺間大社的信仰與文化價值極高、具代表性的地位，也是參拜訪客源源不絕之因。

✉ 靜岡縣富士宮市宮町 1-1　🕐 11～2月06:00～19:00，3月、10月05:30～19:30，4～9月05:00～20:00　➡ 從JR東海道本線富士站轉JR身延線「富士宮站」下車步行約10分鐘　ⓜ 72 493 827*51　🅼🅰🅿 P.65

靜岡縣富士山世界遺產中心（富士山世界遺産センター）
富士山知識寶庫

若想對富士山的歷史或是地質形成等各方面有更深入的了解，推薦前往位在富士山本宮淺間大社旁的靜岡縣富士山世界遺產中心走走。從歷史、文化、自然等多面向介紹大家未知的富士山，由日本知名建築設計師坂茂新造，倒立山形姿態與富士山相望，面向池水一面將木條交錯的格紋建築物倒映水中，天氣好、富士山露臉時，還可從另一角度在水中看到「逆富士」。

室內展示配合影像與文圖介紹，館內的螺旋設計上坡，讓人虛擬體驗攀爬 3,776 公尺高的富士山，最後廊道終點設置框狀方窗，讓對望的富士山自然映入眼簾，富士山「自然」畫像就在眼前。一旁的赤紅鳥居，強調日本和式風格與外表摩登新潮的設計相應，既大膽前衛又

不衝突。此處吸引了不少人朝聖富士山，同時也是介紹富士山知識的建築新代表。

✉ 靜岡縣富士宮市宮町5-12 🕐 09:00～17:00(7、8月～18:00) 休 每月第三個週二，如遇國定假日則改為隔日休館 $ 成人300圓，大學生以下免費 ➡ JR身延線富士宮站步行8分鐘 http www.fujisan-whc.jp ⊙ @mtfuji_whc_shizuoka ⅢⅢ 72 493 403*20 MAP P.65

從展望廳眺望富士山像是畫框裡的畫，卻萬分真實

田貫湖
湖面富士倒影令人讚歎

到靜岡要做的 10 件事之一，「欣賞不同角度的富士山」。即使沒有挑戰 3,776 公尺富士登山攻頂，在不同季節可以尋覓不同面貌的富士山，亦是靜岡旅行最大的樂趣之一。

❶田貫湖是露營愛好者集聚的人氣露營區／❷清晨日出時刻從展望台眺望富士山／❸田貫湖周圍秋天楓紅景色

坐落在富士宮市的朝霧高原位於富士山西南方，在 4 月 20 日前後與 8 月 20 日前後的日出時刻，田貫湖能夠看到富士山如同鑽石般閃耀的「鑽石富士」，吸引許多人一睹其風采。縱使不是稍縱即逝的鑽石富士，富士山大方展現姿態時，在這個平靜湖面上所看到的富士山倒影與身姿也令人難忘。

田貫湖一周約 4 公里，平時集聚釣客與露營愛好者，田貫湖露營場是可以看到富士山的知名露營勝地。推薦在這邊野餐、散策，或租借腳踏車環湖，徜徉在田貫湖大自然的懷抱中，清新的空氣與芬多精浴讓身心都舒暢。

➡ 從JR富士宮站搭乘公車往「休暇村」方向，在「田貫湖キャンプ場」下車，車程約45分鐘左右 ⅢⅢ 72 493 403*20 MAP P.65

朝霧高原 Food Park（あさぎりフードパーク）

霜淇淋與溫熱牛奶傳遞滿滿幸福感

從富士沿著國道 139 號往山梨方向，富士宮北部、位於富士山西麓的朝霧高原沿途看著富士山時而隱身、時而出現。這一帶由富士山熔岩形成，樹木稀少，是一片廣闊的草原。現在是日本知名的酪農業畜牧地帶，周圍有不少觀光牧場、休閒遊樂園。適合自駕前往，沿途看著富士山山下朝霧高原的自然風光，悠遊快活。

緊鄰在國道 139 號道路休息站「道の駅 朝霧高原」旁的朝霧高原 Food Park 是一座結合餐廳與自然的複合式主題樂園。裡面有富士宮當地知名日本酒製酒場、朝霧高原牛奶製造見學、和菓子工房、日本茶販售店鋪、當地食材自助餐料理餐廳進駐，提供用餐、參觀、試飲試吃、土特產伴手禮販售。其中，Buffet 餐廳 fujisan(ビュッフェレストランふじさん) 就是提供當地蔬菜與當季食材，近距離欣賞富士山美景的自助餐廳。菜色是廣泛年齡層都能接受的溫和口味，兼具和洋料理的豐富菜單，讓人得以在富士山腳下享受來

自大地恩惠的食材。

少了觀光團客在休息站下車買東西的商業氣息，以一般民眾的身分也可以輕鬆到訪，是一座可以與富士山近距離接觸、旅行途中歇腳的休息站。

✉靜岡縣富士宮市根原449-11 🕐09:00～17:00 💲免費 ➡從新富士站或JR富士宮站搭乘公車在「道の駅朝霧高原」下車，公車班次少，請多加留意 🔗asagiri-foodpark.com 📷@asagiri.friend 🎫312 296 037*03 🗺P.65

❶Buffet餐廳Fujisan使用當地食材料理／❷富士山朝霧高原牛奶／❸朝霧高原Food Park園內眺望富士山

Kayo日本慢活旅行提案

朝霧高原必嘗美食

來到富士山山腳下的朝霧高原，推薦品嘗朝霧高原牛奶霜淇淋或是牛奶。朝霧高原的牛奶霜淇淋是知名老牌，在「道の駅 朝霧高原」總是大排長龍，不過朝霧高原Food Park也可以吃得到；或是冬天來杯熱熱的朝霧高原牛奶，更是旅行的一大享受！

賞富士 SPOT ⑤ 登上富士山

大自然裡被懷抱，
感受日本第一高山的魅力

日本第一高山——富士山，除了擁有美麗的姿態，也展現各種不同表情吸引大眾。夏季登山客圍繞喧鬧，樂於擁抱大自然、作戶外運動的大家也得以親近這座聖山。另外，富士山的雄偉姿態更是自古以來就被視為靈峰，成為信仰、藝術與重點文學作品的主角。環繞富士山的話題永遠不嫌多，更是種「文化景觀」的創作結晶。

日本古典文學作品《竹取物語》中，輝夜姬最後留下長生不老藥贈與天皇，但天皇認為沒有佳人陪伴，長生不老也沒有意義，要武士們將靈藥投入「離天堂最近的地方 (山)」燒毀，於是便有了「不死 (日語音同富士) 山」之稱。雖然富士山名稱由來有許多爭議，但《竹取物語》的描述，被廣泛認為是最浪漫的版本。

富士山橫跨靜岡縣與山梨縣，不但是日本第一高山，也是世界最大的活火山之一，但目前處於休眠期，再度噴發的可能性比較小。雖然四季都可觀賞到富士山各種角度之美，但想要更親近富士山，把握夏季直登富士山，是最好的選擇。

❶九合目山小屋「萬年雪山莊」，以作者實際經驗，在這裡住宿休息，半夜攻頂正好可以在山頂欣賞日出，是體力可以負荷的範圍／❷九合目標示，海拔3,460公尺，離山頂約1小時路程／❸在富士山頂看日出，此刻的曙光是永遠難忘的回憶

作者成功登頂啦！

從哪裡上山

富士山一共有4條登山路線，分別是吉田口、須走口、御殿場口與富士宮口。因應不同路線，沿路上的山小屋數目也不同，上下山路線與難易度也相異，旅客要多加注意。

●吉田口：位於山梨縣的吉田口是登山客最多的地方，由富士山北側出發。從東京有前往河口湖一帶的巴士跟電車，從關東前往的外國旅客也最多。

●須走口：位於靜岡縣小山町，從富士山東側出發。到一定標高處有樹林帶遮陽，但夜間或濃霧時視線較差。

●御殿場口：從靜岡縣御殿場市出發，難度最高、五合目也離山頂最遠，下山時有著名的砂石坡可以狂滑下山，並且可以從側面觀察寶永山。但山小屋較少，若有緊急狀況需要休息時，比較難應變。

●富士宮口：位靜岡縣富士宮市內，從富士山南側出發，相對斜度較大，有岩石之處較多。登山口中五合目標高最高，到山頂距離最短。

❶富士宮路線登山時可以看到寶永山火山口／❷列屬富士箱根伊豆國家公園的富士山富士宮登山口五合目／❸富士宮五合目登山口為所有路線中海拔最高的登山口，從標高2,400公尺往山頂前進！

貼心小提醒 山小屋住宿需事先預約

登山客眾多時山小屋會較難預約，若登山客太多，可不能臨時入住借宿！建議出發前先預約。海拔越高的山小屋離攻頂的距離越短，可以先往「高處」預約。大部分山小屋會將供餐跟住宿分開，就算沒有住宿，也可以直接點餐或是購買用品。每位登山客到山小屋的時間不相同，請記得放輕腳步、保持低音量，避免打擾其他人休息。

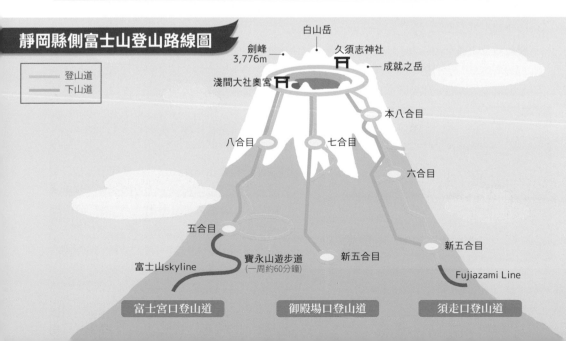

靜岡縣側富士山登山路線圖

登山道
下山道

白山岳
劍峰 3,776m
久須志神社
淺間大社奧宮
成就之岳
本八合目
八合目
七合目
六合目
新五合目
五合目
寶永山遊步道（一周約60分鐘）
新五合目
富士山skyline
Fujiazami Line
富士宮口登山道
御殿場口登山道
須走口登山道

行前需做好什麼準備

- **服裝**：平地與山頂溫差約 20 度，白天為避免被曬傷應穿薄長袖，攻頂或清晨氣溫可能零下，禦寒衣物跟長褲不可或缺，「洋蔥式穿法」加上吸汗排汗的衣著材質很重要。
- **登山鞋、登山杖**：登山用厚底鞋跟厚襪子是基本配備，避免傷腳。登山杖視個人需求，但初學者若有登山杖輔助會比較輕鬆。
- **手套、帽子、毛巾與乾糧**：避免日曬與防寒的手套與登山帽，跟擦汗毛巾不可少。雖然沿途也有山小屋可以購買糧食，但以防萬

一，準備巧克力與乾糧也是需要的。
- **必備品及其他便利用品**：食物與水（飲用水至少 1 公升以上）、垃圾袋、上下分開的雨衣（山上可能狂風暴雨，輕便雨衣無法招架）。山上水源珍貴，準備濕紙巾可以解決無法洗澡的問題。若是半夜攻頂，沒準備頭燈的話，僅能跟著大家的光前進。

❶元祖七合目山小屋，海拔3,010公尺山口山莊／❷沿途標示清楚，注意告示才不會成為富士山登山迷途羔羊／❸九合目山小屋，萬年雪山莊的餐廳裡氣氛溫馨

登山守則

- **不要偏離登山道**：因為富士山為火山岩，有落石滑落之虞，請記得不要偏離登山道，不要亂扔垃圾或碎石，以免破壞自然環境。

九合目山小屋外景色，騰雲駕霧的快感令人振奮

- **當心高山症**：抵達登山口，正式出發前務必休息至少 1 小時，讓身體先習慣高海拔，避免引發高山症。特別是富士宮口路線較陡，需適應高度變化並保持行進速度。若高山症不適症狀沒有好轉，太嚴重時還是要下山，不要勉強。
- **注意天候變化**：從出發開始便隨著海拔高度變化，氣溫越來越低。山上的天氣不穩定，雨衣、防寒裝備都要準備。
- **洗手間使用**：富士山的洗手間需要付費，記得多準備 100 圓硬幣，遇大排長龍時請耐心等候。

🗻 往山頂出發

作者兩次的富士山登山經驗，都選擇從富士宮口進出，除了五合目海拔最高、攻頂最近的原因以外，這條路線的山小屋多、休息機會多且方便。此外，從富士宮口出發攻頂，一路上可以欣賞靜岡側自然風光，不論是挑戰富士山的勇敢精神，或是抱持靜岡觀光的心態，富士宮口是靜岡縣內相當適合初學者的登山路線。

夏季登山季節因為人潮較多，通往富士山的道路會封閉，一般自用車無法通過，需要搭乘大眾交通工具前往。自駕的人可以選擇將車子停在「水ヶ塚公園」，從這邊搭乘接駁巴士到富士宮口五合目。搭乘電車的話，從新幹線「新富士站」、「JR富士站」或是「JR富士宮站」，都有前往富士宮五合目的公車。

中午前先到五合目，休息至少1小時，做伸展運動後就開始移動。流汗時要記得補充

八合目附近大岩石較多，請注意腳邊岩石

水分、飢餓時補充熱量，即使不趕路，大概傍晚時分就能抵達山小屋。「御來光」(日出)是許多登山客最嚮往的，建議把整個行程拉成兩天，晚上在山小屋稍作休息後半夜再出發攻頂，天亮前即可抵達山頂。但必須注意的是，大概半夜2、3點會漸漸出現攻頂人潮，為避免日出不等人、被卡在半路到不了山頂，建議可以提前準備。

🗻 攻頂最後一里路

如果可以抵達山頂，記得一定要到標示3,776公尺的里程碑「日本最高峰富士山劍ヶ峰」(日本最高峰富士山劍峰)朝聖，這裡才是真正富士山最高峰的象徵。從劍鋒望下的滿足感，登山一路的波折與每個瞬間，都是感動。

貼心小提醒 山頂郵局開放時間

想在富士山頂寄明信片、購買登山證明書的登山客要注意「富士山頂郵便局」的開放時間，大約只在7月10日～8月20日這段期間的06:00～14:00營業，要留心開放時間！

❶黎明破曉，寒風冷冽中等待日出／❷影富士(富士山倒影)／❸太陽升起，幸運的話可以在富士山頂欣賞御來光

城市漫遊散策

位居東海道上交通要衝，德川家康打造駿府城下町成為今日靜岡市城市原型；古時是三嶋大社門前町，享受富士山湧源恩惠的水都三島，風采依舊；走過溫泉街繁華時代，熱海近年再度受到矚目；位居富士山山腳下，在御殿場Outlet精采購物，大人旅行的享受。吃、喝、玩、樂新奇體驗，通通在靜岡的城市旅遊散策裡。

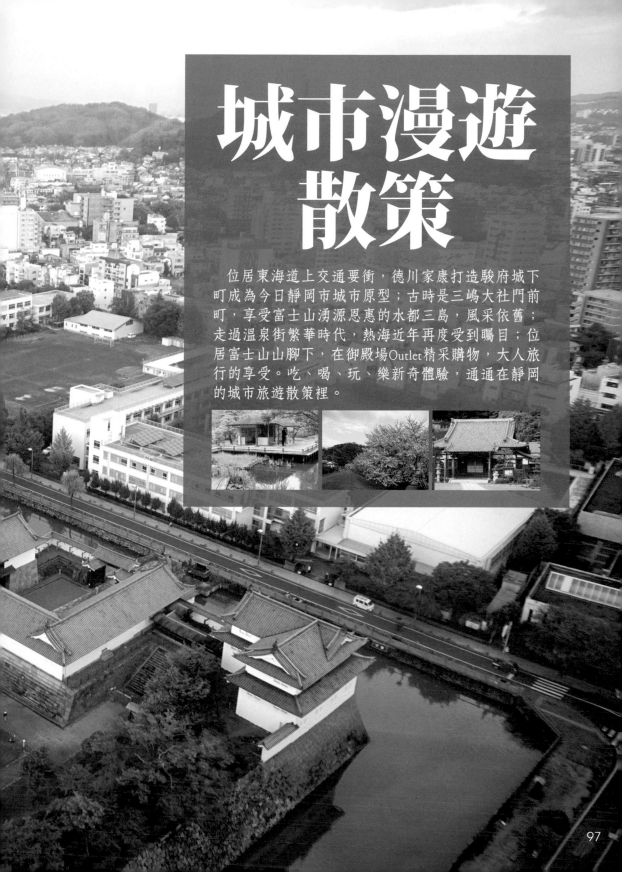

靜岡市
舊靜岡市與清水市合併，
駿府城散策加小丸子主題遊

　　從 JR 靜岡站出發，經過市役所，登上縣廳別館 21 樓展望廊，遠眺富士山，俯瞰靜岡市。搭駿府浪漫巴士，經過靜岡淺間神社，進入中心市街商店街。德川家第 15 代將軍──慶喜公於大政奉還後隱居浮月樓，在這邊過著與世無爭的生活。

　　中心市街的商店街不僅老鋪林立，還有現代化的百貨公司、藥妝店、購物商場，鄰接「JR 靜岡站」與靜岡鐵道「新靜岡站」，新幹線、JR 電車、私鐵、市區公車巴士、高速公路長途巴士都在這附近停靠。四通發達的交通工具匯集在靜岡市中心點，住宿、購物、餐食都方便，正如古時位於東海道大動脈上，這裡至今仍然身處重要的地位。

SHIZUOKA HOBBY SQUARE

餃子研究所

JR靜岡站

黃金橫丁

千代君像

竹千代君像

松坂屋百貨

喫茶一茶

田丸屋

浮月樓

HUG HOP

Gemmiy's

靜岡市美術館

吳服町通

青葉橫丁

日昇町站

新靜岡站

cenova百貨

Chagamo

靜府浪漫巴士（平日）

紅葉山庭園

東御門

靜岡縣廳別館21樓

富士山展望郎

駿府城公園

坤櫓

靜岡縣廳

NANAYA

靜岡市役所靜岡廳舍

Quil-fait-bon

伊勢丹百貨

Maruzen Tea Roastery

青葉通

青葉通

常磐公園

靜府浪漫巴士（週末/假日）

新幹線巴士（平日）

新幹線巴士（平日）

長谷通

靜岡淺間神社

薩摩土手

松嶺院

瑞龍寺

靜岡淺間神社

駿府城下町散策

搭乘駿府浪漫巴士樂遊靜岡市區

在靜岡市區街道上看到外觀復古的懷舊車可別太意外！從 JR 靜岡站北口 10 號候車亭出發，有繞著靜岡市中心環狀運行的駿府浪漫巴士，經由新靜岡，駛向駿府城公園東御門，途中行經淺間神社、赤鳥居，往熱鬧的吳服町商店街。分為家康公、竹千代君、葵小町 3 種車，讓旅客不需要走太多路，就可以輕鬆繞完靜岡中心市街一圈。樂遊靜岡，莫屬駿府浪漫巴士！經過駿府浪漫巴士的站牌就可以隨時上、下車，不需要預約，且不管乘坐幾站，均一價 200 圓。

駿府浪漫巴士
🕐 平日10:00～16:00，每60分鐘於JR靜岡站前整點發車；週末或國定假日10:00～16:00，每30分鐘於JR靜岡站前整點發車 💲 區間內成人200圓、兒童100圓 ⁉️ 搭乘方法與市區公車相同，上車抽整理券、下車付費。車上備有零錢兌換機器 🌐 www.justline.co.jp/combus/roman 🗺️ P.99

駿府浪漫巴士

貼心小提醒　假日巴士路線異動

若是購買靜鐵電車巴士1日券，也可以搭乘駿府浪漫巴士，毋須另外計費。假日因吳服町街上實施「步行者天國」，交通管制、車子無法進入，改由從靠近青葉橫丁一帶的「昭和通」行經紺屋町，回到靜岡車站，提醒讀者注意。

靜岡縣廳別館 21 樓富士山展望廊
（静岡県庁別館 21 階富士山展望ロビー）

免費設施遠眺富士山美景

靜岡縣廳別館 21 樓富士山展望廊是靜岡縣政府機構開放給民眾的免費設施，可以從市中心 360 度眺望靜岡市街景與富士山景色。距離駿府城公園東御門不遠，是靜岡市區眺望富士山絕佳地點。

✉️ 靜岡縣靜岡市葵區駿府城公園1-1 🕐 平日08:30～18:00，週末與國定假日10:00～18:00 🈺 每月第三個週末(六、日)，12月29日～1月3日跨年休假 💲 免費入場 ➡️ 靜岡站北口沿線道27號徒步約10分鐘，在駿府城公園附近縣警本部大樓 🌐 www.pref.shizuoka.jp/soumu/so-120/tenbou.html 🆔 25 496 732*34 🗺️ P.99

❶從駿府城公園內仰望靜岡縣廳別館／❷靜岡縣廳別館21樓富士山展望廊內觀／❸從靜岡縣廳別館21樓展望廊眺望富士山景色

駿府城公園
（駿府城二之丸 巽櫓・東御門）

德川家康退位後大御所時代居城

德川家康的幼年與少年時期在靜岡當了12年的人質，在打開江戶幕府和平時代，將軍退位後又選擇回到靜岡度過晚年，擴張並改建駿府城、劃分城下町，可見其對靜岡有很深厚的感情。歷經火災跟地震，城堡已不復存在，除了「東御門」、戰國時代防止外敵侵略與軍火彈藥庫的「巽櫓」經過復原，現在內部改裝成歷史資料館。歷史資料館裡有靜岡與德川家康的介紹，當時靜岡的政治、經濟發展、城郭展示等，讓人能簡單理解歷史脈絡。目前駿府城公園是市民公園，在駿

府城公園裡有約700棵的染井吉野櫻，沿著護城河外圍的櫻花樹開花時，總是吸引不少人停下腳步拍照。

每年4月第一個週末，靜岡市春天的大活動「靜岡祭」在此舉行。靜岡祭源自「德川家康引率代領家臣去賞花」的故事，自昭和32年(1957年)開始舉辦的市民祭典嘉年華。「大御所花見行列」(大御所賞花遊行)，每年邀請知名時代劇演員擔任德川家康的角色，率領眾家臣外出賞花，遊行吸引不少人觀看。周邊道路上，民眾團體表演祭典舞蹈的「夜櫻亂舞」、市民參與活動僑裝成江戶時代的商人或居民「登城遊行」，都是靜岡祭的重頭戲。

駿府城東御門・巽櫓資料館
✉靜岡縣靜岡市葵區駿府城公園1-1 🕐09:00～16:30 休週一(遇國定假日時改為隔天公休)，12月29日～1月3日跨年期間公休 💰成人200圓、兒童50圓，駿府城公園全施設(含東御門・巽櫓、坤櫓、紅葉山庭園)共通券成人360圓、兒童120圓 ➡JR靜岡站徒步約15分鐘，靜岡鐵道新靜岡站徒步約10分鐘 http sumpu-castlepark.com mc 25 526 070*02 MAP P.99

❶從東御門內望外／❷交通便利、腹地大是駿府城公園是靜岡市中心首選賞櫻名所／❸駿府城公園石碑／❹駿府城公園東御門巽櫓旁道路邊，春天櫻花盛開一角落／❺東御門・巽櫓資料館有許多靜岡歷史發展、駿府城德川家康相關展示(照片提供／Allen Chung)

豆 知 識

日本城郭建築名詞小百科

「巽」為東南方角，「櫓」為城上供防禦或瞭望的建築，常在城郭四周設置。「巽櫓」是當時駿府城東南角作為軍藥庫之處。

紅葉山庭園

園藝造景與日式庭園
凝聚靜岡自然風光的縮影

位於歷史資料館另一邊，紅葉山庭園是活用靜岡自然與歷史背景打造而成的日式庭園。園內種滿牡丹、梅林、菖蒲，並可在四主題裡領略各季節不同的風情。有以富士山與茶原造景的山里之庭，以及以石頭象徵城崎、七瀑布、堂島等伊豆海岸代表風景的海之庭。

紅葉山庭園內園藝造景與日式庭園

🖂 靜岡縣靜岡市葵區駿府城公園1-1 🕐09:00～16:30 休 週一(遇國定假日時改為隔天公休)，12月29日～1月3日跨年期間公休 💲成人150圓、兒童50圓 http sumpu-castlepark.com/momijiyama 📱25 496 230*05 MAP P.99

浮月樓

德川慶喜晚年的安居之地

浮月樓的故事，寫在明治維新後靜岡市街歷史的一頁裡。德川慶喜是日本史上末代征夷大將軍，卻從未住過江戶城，他結束約680年的武家政權，大政奉還讓日本免於淪為他國殖民地。遠離政治喧擾後，德川慶喜在浮月樓度過將近20年的生活。專心致力於發展興趣，騎腳踏車上街、外出攝影、打獵捕魚。在外頭與市民相遇時，靜岡市民也都親切的稱呼他「慶喜大人」。

德川慶喜請來當時日本知名庭師——小川治兵衛打造庭園，池泉回遊式庭園設計就是現在浮月樓的庭園基礎。讓人意外的是這裡離車站不到5分鐘的距離，卻彷彿都市的一處綠洲之地讓人感到舒適，是靜岡人憧憬的婚禮地點或是結婚照拍攝地點。料亭「浮殿」提供日式懷石料理，使用靜岡當地食材以及季節時蔬，更善用美食達人慶喜公喜歡的食材設計菜單。這裡還可以喝到多種靜岡地酒，若想要在靜岡市中心就近找一個環境幽雅又兼顧視覺、味覺的懷石料理料亭，不妨到浮月樓。

🖂 靜岡縣靜岡市葵區紺屋町11-1 🕐浮殿午餐11:30～15:00(最後點餐14:00)，晚餐週二～六17:00～22:00(最後點餐21:00)、週日17:00～21:00(最後點餐20:00) 休 週一 ➡JR靜岡站北口步行3分鐘 http www.fugetsuro.co.jp 📱25 496 230*05 MAP P.79

❶浮月樓浮殿一側入口／❷浮月樓裡展示德川慶喜在靜岡生活的歷史／❸在浮殿可以品嘗多款經典且知名的靜岡當地日本酒／❹浮月樓餐廳「浮殿」提供傳統懷石料理／❺浮月樓外側庭園，小橋流水，是靜岡市區裡鬧中取靜的城市綠洲

Omachi 商店街
（おまち）

血拼購物中心

靜岡市繁華的商業圈一帶，有個小名叫 Omachi(おまち)，是靜岡人稱呼中心市街的地方。作者曾一度以為 Omachi 是地名的專有名詞，因為在日本稱呼市中心商業區為 Omachi 的地方並不多見，但靜岡就是一個例子，也只有靜岡人才知道 Omachi 指的是哪邊。

除 JR 靜岡站南口一部分的商店街外，一般靜岡人說的 Omachi 市區商店街指的是車站北口的範圍居多。走出 JR 靜岡車站北口，穿越地下街「西北方向」往葵塔 (葵タワー)，靜岡市立美術館就在這裡。

靜岡車站北口前是「紺屋町商店街」與「吳服町商店街」，這一區集結大型百貨公司，地下街有一些餐廳，還可連結往 PARCO 百貨公司、餐飲店、藥妝店等等。藥妝店店鋪集中且規模不小，比價採購、退稅都很方便。

推薦的靜岡茶老店竹茗堂、小山園茶鋪都在吳服町上，還有號稱史上最強、最濃，有名的靜岡抹茶霜淇淋店「NANAYA」(ななや)。分 7 種濃度的靜岡抹茶冰淇淋，還有季節限定搭配的冰淇淋。

➡️JR靜岡站北口紺屋町商店街、吳服町商店街到靜岡鐵道新靜岡車站一帶

❶在竹茗堂本店選購綠茶時，店家熱情招待自家靜岡茶／❷1865年創業的靜岡茶小山園以「在小山園第一次體會綠茶美味」的初衷，用心與堅持提供好的靜岡茶／❸吳服町上目前還保有靜岡傳統商店街樣貌

青葉通冬季聖誕燈飾
（青葉シンボルロードイルミネーション）

聖誕假期必看浪漫燈飾

每年 11 月中旬～隔年 2 月中旬左右，靜岡市街的「冬季聖誕燈飾」點亮了青葉通到常磐公園中央行人道兩側，點燈時間至 22:00，天黑之後閃耀青葉通一帶，值得一觀。不免俗的，富士山主題燈飾在這個有富士山的城市看起來格外親切，吃完熱呼呼的靜岡煮後到這裡欣賞燈飾也很浪漫。

青葉通冬季聖誕燈飾重頭戲之一的富士山造型燈飾

🅲不定，約在11月中旬～隔年2月中旬左右 ➡️JR靜岡站北口徒步約10分鐘，青葉Symbol Road～青葉通葵廣場～常磐公園的人行道上 🆔25 496 366*13 🗺️P.99

德川家康描繪的和平之都——靜岡

德川家康在駿府（現：靜岡市）度過近三分之一的生涯，開啟江戶幕府，成為第一代幕府大將軍後，回到靜岡實質掌控軍事、經濟大權，對靜岡有許多的建設。說到靜岡，便不可忽視德川家康的故事，家康公對靜岡的建設與影響，也扮演著造就今日靜岡人文發展的重要角色。

開啟與靜岡的緣分

駿府城公園巽櫓外觀

1543 年德川家康出生於三河國岡崎（現：愛知縣東部），幼名「竹千代」。6 歲時被送到當時在靜岡握有權力的今川義元身邊當作人質，這段人質生活維持了 12 年左右。今川義元沒有虐待德川家康，命功臣亦是良師的太原雪齋，在臨濟寺教導德川家康讀書寫字，在靜岡淺間神社親自為當時 14 歲的德川家康元服，舉行成年禮，德川家康改名為「松平元康」。

豆　知　識

日本人的命名藝術

德川家康在少年時代名字中的「元」字是今川氏贈與的。日本文化中，將自己名字中的某個字送給下一代沿用，有繼承的含意，也可看出今川氏相當重視德川家康。父母名字的某個字，在小孩的命名中使用，這個文化至今在日本仍然相當常見。

稱霸東海，遷往駿府城

駿府城公園東御門

1560 年桶狹間之戰今川氏被織田信長打敗，德川家康深知自己力量不足，脫離今川氏勢力回到三河國宣布獨立，21 歲時與織田信長締結連盟。不久後從松平改名德川，遷往濱松城（靜岡縣西部）。1575 年正值壯室之年時，與武田信玄勢力幾次交手後，織德同盟在長篠之戰大敗武田氏。1582 年本能寺之變，織田信長橫死，各大名間再次陷入政權的激烈鬥爭中。中央實權被豐臣秀吉奪去，德川家康從屬豐臣氏。他為了與豐臣氏勢力抗衡，開始擴大領土。1583 年前後德川家康拿下了三河國、駿河國、遠江國（現：靜岡縣）、甲斐國（現：山梨縣），成為東海稱霸第一的大名。1585 年在當時今川館的位址，修築駿府城，德川家康把居城從濱松城遷移到駿府。

成為大御所，回到駿府城

　　1598 年豐臣秀吉去世，德川家康成為當時五大家老之首，1600 年關原合戰獲勝後，掌握了統治天下的實權。1603 年德川家康被日本天皇封為「征夷大將軍」，正式打開江戶幕府時代。2 年後德川家康把將軍之位讓給三兒子秀忠，回到靜岡的駿府城，以「大御所」身分掌握實質政經權力，維持國家安定。

對靜岡的貢獻

　　29 ～ 45 歲的德川家康以濱松城為居，約 17 年左右，作為平定天下的基礎。人質時代 12 年間與作為五國戰國大名的 5 年間；以及統一天下後，大御所時代握有幕府實權的 10 年左右；直到 73 歲時逝於駿府城，二代將軍秀忠奉其遺囑，將其葬在久能山……德川家康約有三分之一的生涯都在靜岡度過。

　　德川家康的都市建設之一，「駿府九十六町」（駿府城下町），是影響現在靜岡市商業發展最重要地段的原型。江戶時代整備的五街道中知名的「東海道五十三次」建設，原為方便本城江戶（現：東京）、朝廷與眾臣所在的居城間的連絡，因軍事目的與傳馬制所整備。安倍川麻糬、追分羊羹、山藥泥料理等靜岡鄉土名產，隨著歷史轉變流傳至今。

　　家康公在駿府築城、營造淺間神社時期，與後來二代將軍打造久能山東照宮時，從全國各地招來優秀的建築工匠，這些職人們後來在靜岡落地生根，對靜岡傳統手工藝製品，甚至是現在聞名世界的塑膠模型，都有密不可分的影響。

靜岡車站北口，
德川家康壯年時期銅像

濱松城內德川家康銅像

濱松城天守閣外觀

街道與建築歷史散策

靜岡市區街道建築之旅，緬懷日本歷史上名人

從 JR 靜岡站北口出發，沿著安倍街道散策。途經薩摩土手、松樹院與瑞隆寺，緬懷靜岡歷史，櫻花盛開時期更是美不勝收。

❶昭和9年完工的靜岡市議會議事堂(靜岡市役所舊館)，登錄國家有形文化財／❷德川家康以人質身分來到靜岡時第一個拜訪之處「小梳神社」，也被稱為少將井社，17世紀時遷移到吳服町現在的位址，現今許多市民經過時會順道參拜／❸七間町與吳服町上交接處的「札之辻址」碑，是幕府時代頒布法令與禁制等告示的高札場

薩摩土手

雁行性堰堤工法聞名世界

位於靜岡市葵區井宮町妙見下附近薩摩土手(堤防)的故事，可追溯至德川家康建設靜岡的歷史。這個堤防仿甲斐國武田信玄所築

櫻花盛開時吸引許多市民賞櫻

的「信玄堤」，不是直接抵擋強流河川，而是分造好幾個分堤；如在夜空中飛行的雁，因此也稱為「雁行性堰堤」。這個築堤工法是日本聞名世界的高土木技術。但明治時代卻因仿西洋築堤工法改造薩摩堤防，而在1914 年 (大正 3 年) 引來大水災。

1606 年 (慶長 11 年) 德川家康招請全國工匠職人參加駿府城的擴建工程，薩摩堤防也在這個擴建工程中。駿府城擴建工程中，因考量安倍川離城下町太近，發生水害時產生的風險，便將安倍川與藁科川引為同流，在安倍川新設河口。引進駿府城下町的安倍川河水，是非常乾淨的河水。每當春天堤防上櫻花樹櫻花盛開時，吸引不少當地居民欣賞。

➡從JR靜岡站北口沿安倍街道往北，車程約10分鐘。搭乘靜鐵公車安倍線、美和大谷線在「妙見下」下車 ⏰25 554 203*25 MAP P.99

松樹院

感懷山田長政

　　沿著安倍街道再往靜岡淺間神社方向移動，步行約 5 分鐘左右到「松樹院」附近。松樹院位於靜岡淺間神社的西北邊，松樹院南側的墓地裡有山田長政供奉的藥師如來 (藥師佛) 石像。山田長政生於駿河國駿府，年少時開始參與朱印船貿易活動。他從長崎出發，曾在台灣停留，後至大城王國 (現：泰國)，曾在泰國定居一段時間，對靜岡與泰國的友好交流作出許多貢獻。為紀念山田長政，附近的淺間神社商店街上每年 10 月會舉辦日泰友好·長政祭典。

松樹院

📧靜岡縣靜岡市葵區井宮町248 ➡️從JR靜岡站北口沿安倍街道往北，車程約10分鐘。搭乘靜鐵公車安倍線、美和大谷線在「井の宮局前」下車 🚎25 555 034*58 🗺️P.99

瑞龍寺

見證政治婚姻的「義」與「情」

　　沿著小巷繼續前進，就會看到旭姬墓地所在的瑞龍寺。瑞龍寺至今也是供奉先祖的地方 (墓地)。旭姬 (又名朝日姬) 是豐臣秀吉同母異父的妹妹，天正 13 年小牧長久手之戰下，豐臣秀吉為牽制德川家康，將中年的旭姬嫁給德川家康做繼室。

　　當時的旭姬其實已經是第二段婚姻，她奉豐臣秀吉之命與關係和睦的丈夫離婚，在 44 歲時嫁給德川家康當繼室。旭姬後來住在德川家康當時的居城——濱松城，被稱為駿河御前。

　　天正 16 年，旭姬的母親大政所生病，旭姬上洛 (進入京都) 照顧母親，但大政所病癒後，旭姬並沒有回到濱松城。天正 18 年，48 歲的旭姬在京都病故。當時旭姬的墓在京都的東福寺，後來德川家康就近在這裡建造供養塔。小田原之戰後，借宿駿府的豐臣秀吉也曾到這邊弔唁旭姬。

　　也許對後世人來說，旭姬所扮演的角色在歷史中並沒有占太大的篇幅，雖然成為德川家康的妻子僅短短兩年，但在她去世後，德

❶瑞龍寺／❷瑞龍寺境內／❸旭姬之墓

川家康就近在這裡建造供養塔，可見她存在的地位是不可抹滅的。旭姬與德川家康雖然沒有驚世動人的愛情故事，但是政治婚姻上的「義」與「情」，在超過 430 年後的今天，仍可在靜岡這片土地上感受到。

📧靜岡縣靜岡市井宮町48 ➡️搭乘靜鐵公車安倍線、美和大谷線在「材木町」下車 🌐www.shizuoka-zuiryuji.com 🚎368 166 286*27 🗺️P.99

尋覓清水國民偶像
櫻桃小丸子之旅

　　漫畫卡通《櫻桃小丸子》是以作者──櫻桃子(さくらももこ)的故鄉靜岡清水作為故事舞台。漫畫卡通中，當時還隸屬靜岡縣的清水市，在平成大合併時，行政區重新劃分，於是自2005年4月1日起，清水市便改稱為「靜岡市清水區」。漫畫卡通中所出現的節令變化與文化習慣，描述的是1970年代(昭和40年代)的當地生活。跟著本特輯，前往清水尋找櫻桃小丸子的足跡吧！

清水巴川散策

**銀座商店街購物，
感受川田先生熱愛巴川之情**

　　對於清水當地居民居民來說，清水站前銀座商店街就像是後院一樣，目前仍保留傳統商店街氣息。清水站前銀座商店街全長約450公尺左右，拱廊式遮棚不但不怕風吹日曬，這裡平日在特定時間是「步行者天國」(車輛禁止進入)，就算帶著小孩子前來，也相當安全。一直到巴川附近這一帶共延續了三個商店街地段，餐飲店、藥妝，還有營業歷史悠久的各式店家，幽靜散策顯得格外輕鬆。

商店街可租借腳踏車

行走在清水區的櫻桃子彩繪巴士

Kayo 日本慢活旅行提案

推薦餐廳「なすび」

　　距離靜岡鐵道新清水站步行約10分鐘，推薦品嘗使用靜岡食材製作創意日式料理的「なすび」(nasubi)。使用燒津、由比、用宗港最新鮮的海鮮，精選天然且稀少的南方鮪、由比櫻花蝦、用宗港吻仔魚、德川家康特囑不外傳的有東木山葵、清水折戶茄子等靜岡當地嚴選最優質食材，提供道道充滿靜岡故事的料理。

店家外觀

烤味噌茄子

　　若是平日想在清水銀座或是巴川附近散策，又擔心路程太遠的話，可以租借由「清水駅前銀座商店街振興組合」營運的電動腳踏車代步。在18:00前歸還，租借一次500圓。

清水巴川散策
➡ JR清水站西口往靜岡鐵道新清水站方向一帶
なすび
✉ 靜岡縣靜岡市清水區富士見町5-8 ☎ 054-352-1006 (僅日語對應) ⏰ 平日11:30〜14:30、17:00〜21:30 休週二 ➡ 從新清水站前沿線道149往南，步行約10分鐘 http www.nasubi-ltd.co.jp/honten 📱 25 629 575*23

清水七夕祭典

**必看竹飾競賽，
與小丸子一起許下七夕願望**

日本各地的當地祭典都自有文化傳統與特色，靜岡的清水七夕祭典最有看頭的就是「竹飾競賽」。參加者很多都是附近商店街的店家或是學校團體，大家集聚巧思，創作獨一無二的竹飾。清水七夕竹飾主要的特徵在於類似綵球形狀的裝飾物，其圖案都是大家耳熟能詳的卡通角色或是最近流行的新事物。特別是在櫻桃小丸子生長的故鄉——靜岡清水的當地祭典，最受大家期待的就是櫻桃小丸子化身竹飾中主題。

從 JR 清水站西口 (江尻口) 的站前銀座街，往靜岡鐵道新清水站方向的清水銀座裡兩旁都有擺攤賣東西，大家一邊欣賞高掛的七夕竹飾，隨著熱鬧人潮緩緩前進。很多人都知道，清水是櫻桃小丸子的故鄉，動漫卡通也都出現過好幾次七夕祭的故事，想必櫻桃小

靜岡鐵道車站也布置了七夕裝飾

丸子以前也常來吧！七夕祭的時候，銀座街會特設「ちびまるちゃん緣日」(櫻桃小丸子緣日) 專區，有些小遊戲適合親子闔家歡樂。

從靜岡鐵道新清水站前往會場也很近，七夕祭典主要範圍就在 JR 清水站與靜岡鐵道新清水站附近。清水七夕祭時間大致在每年涵蓋 7 月 7 日七夕的週末 4 天。日本的七夕是過國曆，不過七夕的牛郎織女故事源自中國，日本的七夕並沒有情人節含意，但祭典的浪漫情懷卻同樣深植當地人的心。

七夕祭典時設置的櫻桃小丸子緣日活動外牆

櫻桃小丸子與熊本熊(酷MA萌)一同亮相！

幸運的話，可能會遇到小丸子人偶喔！

小丸子生活圈散策

入江商店街

回到櫻桃子老師的故鄉，緬懷兒時記憶

《櫻桃小丸子》的作者櫻桃子老師，據說小時候家裡經營蔬果店，但在漫畫卡通中，因為每每出現家中場景就要畫一堆蔬菜水果很麻煩，於是僅以普通民宅描繪；又有一說是，也許對家裡經營蔬果店的孩子來說，普通的住家是種憧憬。

據說目前小丸子生長的家已經有別人居住，為留給居民私人生活空間，雖然無法確切描述位置，但就在靜岡鐵道的入江岡站附近。

櫻桃小丸子動漫故事場景，融入昭和時代懷舊風情，實際走訪清水與入江地區一帶會發現，不但昭和時代的回憶還留著，更古老的歷史腳印也刻畫在這個小鎮裡。即使有些

實際場景與店鋪已經不復存在，但入江小學的下課鈴聲響起時，看見從巷弄中衝出背著書包、戴著黃色帽子的小學生，或參加銀座街的七夕祭典，或在巴川旁望著水燈籠……似乎就能再次穿越時空，回到與櫻桃小丸子相同的時代裡。

小丸子生活圈散策地圖

JR清水站

白鬍神社

巴川

稚兒橋

四葉百貨

社務所

金田食堂

新清水站

靜岡鐵道

巴川

神木

淡島神社

入江岡站

追分羊羹

入江小學校

櫻橋站

金田食堂

　　爸爸ひろし (Hiroshi) 常去的かねだ食堂 (金田食堂) 就在住家附近。聽說櫻桃子小時候來這邊會點「キス天」(鱚魚天婦羅) 跟「三ツ矢サイダー」(碳酸飲料)。雖然店名叫食堂，但晚上會搖身一變成居酒屋，使用靜岡地產海鮮與食材製作料理，很有小酒館的感覺。

日式炸物料理

金田食堂外觀　　　　　金田食堂櫃檯座位

 稚兒橋

　　現實生活中真的有巴川！每年慣例在 7 月中旬舉辦的清水巴川水燈籠祭 (清水巴川灯ろうまつり)，就在這邊舉行。慶長 12 年 (1607 年)，德川家康下令在巴川上造橋。在完工落成儀式當天，河中突然出現一名男子渡橋，住在巴川裡的河童化身男孩的身影跨過橋梁，命名為「稚兒橋」的傳聞就此傳開。

　　2015 年 12 月上映的電影《來自義大利的少年》，也出現過好幾次巴川場景。水燈籠

四葉百貨

　　從 JR 清水站往靜岡鐵道新清水站一帶的銀座商店街，就是七夕祭典登場的場景。曾在動漫卡通中出現過的「四葉百貨」其實是間文具行──四葉商會，至今仍然營業，裡頭有些很日式風味的信封紙跟文具周邊。

銀座商店街上的四葉文具行

　　祭典的場景與真實情況一模一樣，小丸子跟男主角安東尼穿著浴衣在稚兒橋觀看清水水燈籠的一幕令人印象深刻。電影海報的這一幕，就在這裡。

金田食堂
✉靜岡縣靜岡市清水區入江1-1-23 Ⓜ25 658 616*15 MAP P.110
四葉百貨（四葉商會 清水店）
✉靜岡縣靜岡市清水區銀座14-13 Ⓜ25 658 794*30 MAP P.110
稚兒橋
Ⓜ25 658 783*43 MAP P.110
清水巴川水燈籠祭 (清水巴川灯ろうまつり)
Ⓒ每年7月16日 httpshimizutanabata.com/tourou Ⓜ25 658 784*28

巴川　　　　　　　　　　稚兒橋銅像　　　　清水水燈籠祭典

白髭神社

到白髭神社祈願也是常常在劇中出現的一幕，據說社務所就是町內舉辦聖誕會活動的地方。社務所反映了日本人參加町內 (社區) 活動的意識，聖誕會的耶穌誕生話劇照慣例讓大家提不起勁，孩子們排排坐，不覺得有

白髭神社鳥居，左側是社務所

白髭神社

趣但很識相且捧場的拍手，《櫻桃小丸子》中詼諧地將節慶日常完整呈現。

隔著巴川，可以走往入江商店街。許多人對櫻桃小丸子常去的柑仔店「甘味處みつや」是否真實存在感到好奇，但遺憾的是在許久以前，這間店鋪就已經關店了。

淡島神社與神木

穿越入江商店街往靜岡鐵道入江岡站途中，車站斜對面可以看到淡島神社。櫻桃小丸子為直笛測驗發愁，放學後跟小玉坐在神社前練習吹笛的情景彷彿就在眼前上演。不知道敏銳的小丸子迷們有沒有發現，在靜岡許多地方穿越斑馬線時，紅綠燈播放的正是動畫裡那首直笛測驗歌曲〈富士山之歌〉(富士の山)。

而神社旁邊的神木ごくぞうさん〈市町村指定天然記念物 楠木〉就是傳聞中一直受佐佐木爺爺照顧的那棵大樹。

卡通中出現的清水車站，通常被推測是靜岡鐵道入江岡站，與劇中模樣最相像，也是離小丸子生長的家最近的車站。

市町村指定天然紀念物 楠木

入江岡站對面即是小丸子與小玉練習直笛的淡島神社

白髭神社
✉ 靜岡縣靜岡市清水區入江1-13-17 📱 25 657 805*36
🗺 P.110

淡島神社
✉ 靜岡縣靜岡市清水區入江736 📱 25 658 331*22 🗺 P.110

入江岡車站

Kayo日本慢活旅行提案

富士山之歌小故事

作者曾好奇的詢問靜岡人紅綠燈音樂是否有什麼涵義，沒想到靜岡人瞪大眼睛跟我說：「你不知道那首歌是《富士山之歌》嗎？」於是我才恍然大悟，對櫻桃小丸子而言，她也難忘生活在靜岡與富士山的緣分。從孩子到成人，每一位靜岡人都對〈富士山之歌〉耳熟能詳。

入江小學校

往新靜岡方向，從入江岡站搭一站電車，就是離櫻桃小丸子就讀的小學「入江小學校」最近的櫻橋站。入江小學距離櫻橋站約7分鐘路程，要走到校門口的話稍微遠了一點。操場的「もぐら山」(一種小朋友遊樂器材)，

入江小學校門

與卡通裡出現的幾乎相同。小學生在遊樂器材附近奔跑嬉戲，彷彿大野君、杉山君也正在跟同學們較勁足球。

說起靜岡人熱愛足球的心，也在《櫻桃小丸子》中看得到。愛踢足球的同學，除了萬人迷大野君還有他的哥倆好杉山君以外，也許不少人都會對那個熱衷足球的小平頭——健太(Kenta)有印象。傳聞現實中健太真的是櫻桃子在入江小學五、六年級的同學，雖然沒有指名道姓就是後來成為職業足球選手的長谷川健太，但櫻桃子曾提到她有位一直追求夢想，長大後夢想成真的同學。健太曾在1991年J1職業足球聯盟誕生時進入清水心跳隊，也曾獲選進入日本足球國家代表隊。後來致身投入足球教練一職，活躍足球界。

貼心小提醒 上學期間請不要進入校園
平日上課時間是無法隨意進入小學校園的。以校方跟家長角度，當然會擔心陌生人進入校園對孩子的安危有疑慮，前往朝聖時要多加注意禮儀。

追分羊羹本店

卡通中時常出現的清水伴手禮，名產「追分羊羹」的本店就在入江小學校附近。已經有三百多年歷史的追分羊羹，是用竹葉包著的蒸羊羹，相較於日本傳統羊羹口味偏甜，追分羊羹爽口不膩，一邊享用時還會感受淡淡的荷葉香，是名符其實的清水名物。不但櫻桃小丸子本人喜愛，作者自身經驗，追分

追分羊羹本店

羊羹作伴手禮送給平時不太吃羊羹朋友，品嘗過的人，也多數好評。

面對追分羊羹本店，店前左側旁有個刻上「是より志ミづ(しみず)道」的石碑，這是自東海道分歧，往清水湊(現：清水港)方向標記的起點石碑，推測可能是元祿10年(1697年)當時留下的。

東海道分歧點石碑

入江小學校
✉靜岡縣靜岡市清水區追分2-3-1 Ⓜ25 657 306*78 MAP P.110

追分羊羹本店
✉靜岡縣靜岡市清水區追分2-13-21 Ⓜ25 657 270*44 MAP P.110

三島

富士山湧水恩惠，
漫步源兵衛川愜意遊

　　從東京出發，搭新幹線約 1 小時車程，位在靜岡縣東部的三島市，位居交通便利之處，一年四季有富士山伏流水注入環繞，享有「水都」之美名。出三島車站南口，步行約 5 分鐘後，彷彿進了城市綠洲，眼前是不同的景色。受富士山湧水恩惠，自繩文時代開始發展豐富自然景觀，是源賴朝再興之地；這裡同時保有自然環境與歷史色彩，也是太宰治、井上靖等知名文人墨客鍾情之處。2014 年秋季日劇《對不起青春》(ごめんね青春) 以三島市為拍攝舞台，近年再次引起三島觀光風潮。

三島玩樂地圖

三嶋大社　寶物館

福太郎

三島田町站

白瀧公園

伊豆箱根鐵道

源兵衛川　櫻家　dilettante cafe and waltz

JR三島站

伊豆箱根鐵道
三島站

樂壽園

三島廣小路站

北

1　嚴島神社水池櫻花
飄落／2　三嶋大社神
鹿園／3　JR三島站前
4　樹齡超過1,200年
的天然紀念物丹桂／
5　福太郎茶屋招牌紅
豆餡草餅

三嶋大社 (Mishimataisha)
夏季的三嶋祭典是年度重頭戲

三嶋大社自古是伊豆地區重要的信仰聚集地，也是供奉鎌倉幕府大將軍——源賴朝之處。當年源賴朝流放至此，舉兵之際在此祈求勝利。境內有神池周圍的垂櫻、參道邊染井吉野三島櫻等超過200棵櫻花樹，春天的三嶋大社櫻花齊放，繽紛燦爛。夏天三嶋祭典 (三嶋大祭り；Mishimaoomatsuri) 中熱鬧的山車遊行與三島傳統藝術神樂囃子 (當地稱三島囃子しゃぎり；shagiri) 最有看頭，屆

本殿

樂壽園
火山熔岩上的庭園

樂壽園全名為「三島市立公園樂壽園」，也是日本國家指定「天然紀念物 名勝」的文化財，位在JR三島站南側步行約3分鐘之處。1952年作為市民公園開園，園內有曾作為小松宮彰仁親王別邸的建築物——樂壽館、小濱池、萬葉之森、動物廣場、小型遊樂設施、三島市鄉土資料館等，占地約22,870坪。

約17,000年～10,000年前富士山噴發，這裡是熔岩末端，在小濱池附近及園內許多地方都還看得到三島熔岩流，與園內自然豐饒的綠意相襯，是另一種特別的自然景觀。熔岩的間隙湧出了富士山伏流水，滿水的小濱

Kayo日本慢活旅行提案

福太郎茶屋必吃甜點

推薦必吃三嶋大社名物——福太郎茶屋的よもぎ餅(yokogimochi)，即紅豆餡草餅。草餅裡的艾草成分，被認為可以驅邪、帶來好運，營養成分高、鈣質豐富。兩塊麻糬與綠茶甜點套餐僅200圓，這裡也很適合在三嶋大社散策時作為休息之處。

時更是湧進大批人潮，是夏天最大盛事。目前被列為國家重要文化財的本殿、幣殿與拜殿、源賴朝與北條政子參拜時小憩的「腰掛石」、寶物館收藏之北條政子奉納列為國寶文物的「梅蒔繪手箱」、天然紀念物「金木樨」(丹桂)、神鹿園等等都是熱門觀光景點。

三嶋大社
✉靜岡縣三島市大宮町2-1-5 🕐寶物館09:00～16:00(最後入場16:00) 💲成人500圓、大學生／高中生400圓、中學生／小學生300圓 ➡從JR三島站步行約15分鐘，或從伊豆箱根鐵道「三島廣小路站」下車，步行約10分鐘 🌐www.mishimataisha.or.jp Ⓜ50 140 113*85 🗺P.115

福太郎茶屋
✉靜岡縣三島市大宮町2-1-5 🕐08:00～17:00 🌐www.mishimataisha.or.jp/fukutaro Ⓜ50 140 113*85 🗺P.115

池景色悠然；動物廣場還有羊駝、喜馬拉雅小貓熊、水豚等多種人氣小動物，以及搭乘1次100圓的小型鐵道列車、旋轉木馬，小朋友在這裡也能玩得很開心。

✉靜岡縣三島市一番町19-3(入口有兩處：正門及站前口，站前口距離三島站與停車場較近) 🕐4～10月09:00～17:00(最後入園16:30)、11～3月09:00～16:30(最後入園16:00) 休每週一，若遇國定假日則為隔天。年末跨年假期12月27日～1月2日 💲300圓 🌐www.city.mishima.shizuoka.jp/rakujyu Ⓘ@rakujyu_mishima Ⓜ50 139 381*61 🗺P.115

樂壽園正門

園內有多處可以看到富士山熔岩的自然景觀

源兵衛川

小橋、流水、水都三島

　源兵衛川源頭來自樂壽園小濱池，由富士山雪水與雨水的伏流水之湧泉所形成，環繞三島市街、全長約1.5公里的河流。夏季時河邊螢火蟲飛舞，穿梭在「源兵衛川遊步道」裡，時而水邊小徑，時而經過居民住家後院小路，感受寧靜且緩慢的城市綠洲氛圍。行走在這裡，聽著潺潺細川流水聲，可謂是「水都三島」的最佳畫面。

推薦餐廳「dilettante cafe and waltz」

　近在源兵衛川與伊豆箱根鐵道交會水邊處的「dilettante cafe and waltz」是當地有名的義大利餐廳。店內裝潢別致，對料理的堅持、店內擺飾與空間打造都有店主全心全意地投入。

　使用三島當地栽培的蔬菜、沼津港調度的海鮮食材，讓異國風味的義大利菜不失日本原味食材的美。室外的座位可一邊用餐一邊眺望源兵衛川，暫時離開緊張的城市生活。

春天櫻花盛開的步行道

從時之鐘橋眺望dilettante cafe and waltz

源兵衛川
🚃從JR三島站步行約15分鐘，樂壽園南口「いずみ橋」(Izumibashi)附近 Ⓜ50 139 056*33 ⒨P.115

dilettante cafe and waltz
✉靜岡縣三島市綠町1-1 1F 🕐18:00～22:00(最後點單21:00) 休每週一、二 🚃從JR三島站步行約18分鐘，或從伊豆箱根鐵道「三島廣小路站」下車後步行約5分鐘 📷@dilettantecafe_waltz Ⓜ50 109 655*47 ⒨P.115

櫻家（うなぎ 桜家）

創業超過160年歷史

　說到靜岡的鰻魚飯，除了濱松市濱名湖一帶鰻魚料理很有名，關東圈美食行家都知道的還有三島鰻魚！其中「櫻家」具有高知名度，用富士山伏水的清澈與礦物質消去鰻魚土味及腥味，讓味道更加鮮美。對烤鰻魚的執著，還有手上那把扇子純熟技術都灌注在「櫻家」店主的意念裡。蒲燒鰻魚飯最重要的是甜鹹度適中的醬汁，不搶過鰻魚的風采，不僅吃的同時讓人在口中回味，同時這種讓人還想再度光臨的穠纖合度，正是櫻家的鰻魚飯精神。

✉靜岡縣三島市廣小路町13-2 🕐11:00～20:00(賣完會提早休息)、15:30～17:00間可能會午休 休每週三 🚃從JR三島站步行約15分鐘，或是搭伊豆箱根鐵道至「三島廣小路」下車，步行約1分鐘 🌐www.sakura-ya.net Ⓜ50 109 774*35 ⒨P.115

❶店家外觀／❷鰻魚丼飯／❸鰻魚飯便當

熱海

**歷史悠久的溫泉勝地，
感受昭和復古氛圍**

　　熱海在 1950 年代是日本最具人氣的蜜月旅行地點，雖然現在多數人蜜月旅行多往海外，但對日本人來說，熱海是浪漫溫泉勝地的印象依然不減。熱海車站前的商店街充滿濃濃昭和日本風情，國內外旅客都嚮往。

　　日本三大溫泉之一的溫泉城市「熱海」位於靜岡東部，從靜岡搭新幹線出發約 40 分鐘即達，其實從東京搭乘新幹線也僅需要 50 分鐘就能抵達。熱海溫泉據說在 1,500 年以前形成，海裡噴發的熱湯讓靠海捕魚的漁民無法捕獲魚貨，傳說這一代居民還曾祈願讓溫泉可以移轉至山上，也讓人不難理解「熱海」這個地名的由來。

　　歷史記載德川家康喜愛熱海溫泉，平定天下入主江戶城 (現：東京) 後也多次蒞臨熱海溫泉休養，還大費周章把熱海的溫泉水搬運至江戶。各種傳說為熱海溫泉增添許多神祕色彩，除了來宮神社、伊豆山神社等人氣景點，當地人喜愛的老店鋪、街道散策等，溫泉以外的觀光魅力更讓熱海歷久彌新。

(左、右照片提供／蔡承熹)

北

熱海梅園

來宮站　來宮神社

JR熱海站

起雲閣　藝妓見番

藍花

糸川遊步道

足湯
家康之湯

伊豆山神社

熱海城
祕寶館

纜車

宮之松
熱海遊覽船
熱海沙灘

熱海灣

藍花
位於熱海商店街的人氣咖啡店

　　走出熱海車站，商店街主力在「平和通り商店街」和「仲見世商店街」上，除了經典伴手禮、溫泉勝地不可或缺的名物溫泉饅頭外，這裡有家日本人口耳相傳的人氣咖啡店「藍花」(Aibana)。日本美食評比網站Tabelog曾做過的靜岡推薦咖啡特輯中，就有藍花上榜。

　　店內有咖啡烘焙機，一踏進店裡就被陣陣咖啡香包圍。自家烘焙的咖啡、和洋折衷的甜點，裝潢擺設以木頭色基調為底，可以輕鬆自在的享受咖啡時光。另外還有販售多種自家製特調咖啡包與咖啡豆，咖啡愛好者不僅深深陶醉在店裡，還可以順便選購伴手禮。

❶熱海商店街(照片提供／蔡承熹)／❷人氣咖啡店藍花／❸咖啡館自家烘焙的黑咖啡與招牌布丁甜點

✉靜岡縣熱海市田原本町7-6　🕙10:30～16:30　➡JR熱海站下車後徒步2分鐘，商店街裡　http www.aibana.com　📷@aibanajp　MTL 116 654 832*88　MAP P.119

熱海城
錦浦山頂眺望熱海灣景

離開熱海商店街後，可以再往熱海灣海灘一帶散策，觀賞糸川橋遊步道九重葛盛開，或往錦浦山頂眺望熱海灣景色。

錦浦山頂上建造的熱海城其實在歷史上並非真實存在的城郭，純粹作為觀光娛樂性質。從外面廣場可以眺望熱海灣、市街與伊豆半島景色，美不勝收。

➡JR熱海站可以搭往「伊東・網代」方向的公車在「錦之浦」下車，步行約10分鐘；或是搭乘周遊公車「湯〜遊〜バス」，從熱海站出發約13分鐘，在「熱海城前」下車 http atamijyo.com ◎ @atamijyo
MC 116 594 894*60 MAP
P.119

熱海城

Kayo日本慢活旅行提案

熱海灣海上煙火秀

日本夏季煙火祭典眾所皆知，煙火大會似乎已成為日本夏日風物詩的代表之一。日本也有少數冬季施放煙火之處，而「熱海海上花火大會」正是榜上有名。熱海煙火施放地點在熱海灣，海上煙火秀不僅吸睛，三面環山的自然立體音響讓人更加震撼。若是沒有交通工具，也可以選擇就近在熱海灣海灘(親水公園附近) 或熱海城展望台觀賞。詳細日期可以到「熱海市觀光協會」官方網站上查詢。

http www.ataminews.gr.jp/event/8

糸川九重葛盛開

藝妓見番
欣賞專業傳統藝妓演出

熱海溫泉享有盛名，且因為溫泉街文化的緣故，傳統藝妓表演文化也隨之發展。雖然後來眾人的目光移到了京都，在溫泉歷史悠久的熱海，傳統藝妓漸漸鮮少受到注意；但日本傳統藝妓文化的起源，就是在像熱海這樣的溫泉街開始盛行的。

位於熱海溫泉街的「湯めまちをどり華の舞」(藝妓見番花之舞)是藝妓訓練所，藝妓們在此學習日本舞等等技藝，館內附設的大型表演劇場在週末兩天各有一場傳統的藝妓表演，揭開藝妓神祕面紗。緊湊的表演整場30分鐘，時間長度與內容適中，不但可以欣賞專業日本舞、地方三味線表演，結束後還可以跟表演者合影留念。

❶藝妓見番花之舞表演舞台／❷熱海藝妓見番歌舞練場／❸入場附贈靜岡茶與點心

✉靜岡縣熱海市中央町17-13 ⏰週六、日11:00(可能臨時休演) $1,500圓，附日本茶與和菓子 ➡從JR熱海站搭乘往紅葉ガ丘方向的公車約10分鐘，在「清水町」下車 http atami-geigi.jp ◎ @atami_geigi_kenban MC 116 624 870*81 MAP P.119

來宮神社
象徵健康長壽的日本第二楠樹

來宮神社是熱海有名的能量景點，也是全國來宮神社的總社，以福運（來福）與吉利（緣起）之神受到當地人的信仰。境內正殿後的神木「大楠」周長約24公尺，樹齡超過兩千年，是日本全國第二楠樹，象徵健康長壽與祈求願望實現，不少人慕名朝聖。

據說御神木可庇佑人們健康長壽，沿著神木行走一圈可以延長一年的壽命；一邊默念心裡的願望可以讓心願成真，有許多人為祈求良緣而到此參拜。「來宮」的日文發音

kinomiya 也正好跟「忌の宮」相同，因此人們不但認為可求姻緣、求招福好運外，也有戒菸、戒酒靈驗之說。

✉ 靜岡縣熱海市西山町43-1 🕘09:00～17:00 ➡ JR來宮站下車後徒步5分鐘 🌐 kinomiya.or.jp 📷 @kinomiyajinja_jigyo 🆔 116 653 585*12 🗺 P.119

❶來宮神社本殿／❷大楠神木／❸來宮神社入口

❶石階／❷腰掛石／❸伊豆山神社

伊豆山神社
超人氣戀愛能量景點

伊豆山神社社殿位在伊豆山中，石階參道稍陡，頗考驗腳力。伊豆山神社是鎌倉幕府初代將軍源賴朝政爭失敗後，被平清盛流放至伊豆國時，經常來此祈求源氏再次振興的所在。這裡也是他與跟妻子北條政子定情的結緣場所，境內還有源賴朝和北條政子休憩的「腰掛石」。現在有許多人慕名來此求姻緣，成為有名的戀愛能量景點。

✉ 靜岡縣熱海市伊豆山708-1 ➡ 從JR熱海站搭乘往伊豆山神社或七尾方向公車約7分鐘 🌐 izusanjinjya.jp 🆔 116 715 398*32 🗺 P.119

御殿場

富士靈峰東麓的高原城市，
觀光客的血拼天堂

　　位在靜岡縣東部的御殿場，享有富士山恩賜的自然環境，地處富士箱根伊豆交流圈中心。鄰近神奈川縣「箱根」與山梨「富士五湖」等知名的觀光地區，海拔較高、氣候涼爽、降水量也較多。除了作為富士登山道路聞名，也是許多名人或企業的保養避暑知名地。

　　富士山山腳下的大規模購物勝地御殿場 Premium Outlets 儼然是御殿場代表性地標，位在高速公路邊，距離東京與靜岡約中間的位置，交通便捷。白天盡情享受邊購物邊欣賞富士山之趣，入夜後時之栖霓彩燈飾絢爛耀眼，品嘗使用富士山伏流水釀造出的御殿場高原啤酒，御殿場的城市旅遊有另一番樂趣。

御殿場玩樂地圖

富士山 📷

御殿場

御殿場
Premium Outlets 📷
JR御殿場站 🚆

時之栖 📷
GRAND TABLE 🍴

JR三島站 🚆

1

2

3 4 5

① 花隧道主題的聖誕燈飾／② 御殿場 Premium Outlets內可觀看到富士山景／③ GRAND TABLE黑毛和牛排／④ 室外的聖誕樹型燈飾非常浪漫／⑤ GRAND TABLE自家製烤香腸

時之栖霓彩燈飾
（時之栖イルミネーション）

冬季燦爛閃耀

日本的冬天，各地都有大小規模的霓彩燈飾閃耀，似乎冬季燈飾一直是這個季節不可或缺的要素。就像是日劇裡演的那般，在冬季霓彩燈飾下等待與某人的約會，更顯得浪漫。多數冬季霓彩燈飾會配合聖誕節，受到不少人歡迎，不少遊樂園或娛樂設施場地索性打造更大規模的冬季霓彩燈飾吸引更多訪客前來。

御殿場的「時之栖」冬季霓彩燈飾是靜岡縣內數一數二的大規模活動，分為收費與不收費區域，每年都會有不同主題設計的霓彩燈飾，吸引大批人潮前來朝聖。

時之栖本身就以「御殿場高原啤酒」著名，這裡也是提供住宿的飯店。白天在「御殿場Outlet」購物，天黑後到「時之栖」享用御殿場高原啤酒，與冬季霓彩燈飾一同乾杯！

✉ 靜岡縣御殿場市神山719 🕐 9月中旬～隔年3月中下旬16:30～22:00(因應季節可能會有調整) ➡ 除自駕前往，還可從JR御殿場站搭接駁巴士，車程約25分鐘；從JR三島站搭公車約40分鐘左右 http www.tokinosumika.com/illumination/renewal mc 50 531 823*23 MAP P.123

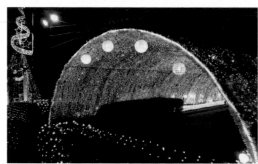

聖誕燈飾隧道入口

花團錦簇模樣的聖誕燈飾營造浪漫氣氛

GRAND TABLE
（御殿場高原ビール　GRAND TABLE）

富士山名水釀造的在地美味

利用富士地下泉水結合德國啤酒製法釀造出的「御殿場高原啤酒」已經名符其實是御殿場名物。時之栖裡的餐廳「地ビールレストラン　グランテーブル」(GRAND TABLE)提供御殿場當地香腸與燒烤菜色搭配啤酒，翻轉夏日啤酒既定印象，一年四季都很適合大口喝啤酒。

GRAND TABLE 店內場地寬敞，但用餐客人很多，可以先排隊登記名字後，再去逛霓彩燈飾打發時間。充滿美式餐廳風格的GRAND TABLE 料理分量不小，適合一起點單分享餐點。週末假日舞台上還會有 live 現場演出，在熱鬧氣氛中大口喝御殿場高原啤酒，享用在地料理，最是享受。

✉ 靜岡縣御殿場市神山719 🕐 週一～四午餐11:00～15:00、晚餐17:30～21:00，週五午餐11:00～15:00、晚餐17:30～21:30，週六11:00～22:00，週日11:00～21:00(營業時間因應季節會做調整) http gkb.co.jp mc 50 531 823*23 MAP P.123

店內

從日歸溫泉入口附近眺望富士山

outlet設施內歐美風格的造景，集聚眾多人氣知名品牌，是近關東圈的outlet逛街首選之地

御殿場 Premium Outlets
富士山山腳下日本第一大規模購物勝地

御殿場 Premium Outlets 占地大、店家規模眾多，兼顧日本知名品牌及許多受歡迎的歐美名牌，從大人小孩都喜愛的迪士尼專賣店，到運動用品、休閒服飾、名牌精品等通通都有。也因為此處非常靠近富士山，在歐美風格的街景下血拼，還可以一邊眺望富士山，不知道是否因此讓遊客購買欲大增。

御殿場 Premium Outlets 分為東區與西區，有「夢之大橋」連接。接駁公車、巴士等大眾交通工具停靠在西區，自駕停車場則有好幾座，因為腹地真的太大，建議先記好自己從哪一區開始逛。

不論是東京、新宿、品川，甚至橫濱一帶都有巴士前往，且距離不算太遠；富士山周圍觀光景點箱根、河口湖、富士急樂園也有巴士；靜岡縣內從 JR 御殿場站有免費接駁公車，或在 JR 三島站搭乘市區公車。

因應開業 20 週年紀念，御殿場 Premium Outlets 拓展了新園區，在 2020 年隆重開張，再次成為日本最大的 Outlets 購物中心。除了新設精品名牌店鋪與飲食區域，還有「HOTEL CLAD」飯店，以及擁有自家源泉的日歸溫泉「木之花之湯」。

✉ 靜岡縣御殿場市深澤1312 🕐 3～11月10:00～20:00，12～2月10:00～19:00(逢節日可能提前09:30開始營業) 🚫 2月的第三個週四 ➡ 自駕從東名高速公路御殿場IC下交流道後沿指標；JR御殿場站有免費接駁巴士；JR三島站南口2號站牌可搭乘市區公車前往「御殿場プレミアムアウトレット」 🌐 www.premiumoutlets.co.jp/gotemba 📷 @gotembapremiumoutlets 🅜 50 805 384*13 🅼🅰🅿 P.123

特別企劃

大手牽小手的好去處
親子主題玩樂

伊豆高原泰迪熊博物館
（伊豆テディベア・ミュージアム）
▸ 泰迪熊融化少女心，龍貓找回兒時天真

伊豆高原附近的人氣博物館之一，泰迪熊博物館，自抵達大門口的一刻起，相機就開始無法休息。紅磚建築展現歐風悠閒氣息，從門口、庭園，到博物館內許多角落都有可愛的泰迪熊身影，大朋友小朋友都沉醉在泰迪熊的圍繞中。

入館後，超大型泰迪熊家族迎接大家，1樓展示館介紹泰迪熊故事，也展示了許多古董泰迪熊，還有搭配場景。製作愛之禮物的泰迪熊工廠、森林遊樂園場景裡的精緻旋轉木馬與樂隊演奏、直通那須泰迪熊博物館的泰迪熊特快電車，每個場景都令人陶醉在泰迪熊的夢幻氣氛裡。

博物館入口

泰迪熊特快電車

森林遊樂園

2樓特別企劃展區的龍貓企劃展也是重頭戲之一。夜空散步的龍貓與巨大的龍貓公車非常醒目，沒有年齡限制，大人小孩可以一起進入毛茸茸的龍貓公車內拍照。泰迪熊博物館裡的龍貓特展還結合雙方合作，展出泰迪熊工匠維修龍貓公車的合作一幕，讓人不禁會心一笑。

✉靜岡縣伊東市八幡野1064-2 🕐09:30～17:00(最後入館時間16:30) 💲成人1,500圓、國高中生1,000圓、兒童800圓 ✖2、3、12月的第二個週二、6月第二個週二、三 ➡伊豆高原站步行約10分鐘 📶www.teddynet.co.jp/izu 📷@izuteddybearmuseum 🗺488 433 862*70

①歡迎來到泰迪熊博物館／②夜空散步的龍貓／③大型龍貓公車／④泰迪熊工匠維修龍貓公車

伊豆仙人掌動物公園
（伊豆シャボテン動物公園）
必看極盡療癒的水豚君露天溫泉浴

緊鄰大室山旁邊的伊豆仙人掌動物公園，是展示世界各種稀有仙人掌，結合動物園的主題樂園。園內仙人掌、熱帶植物、多肉植物多達1,500種，最吸睛的莫過於超人氣水豚君。伊豆仙人掌公園可說是「水豚君泡溫泉」的創始者，冬天寒風中水豚君在露天溫泉裡泡柚子澡的畫面非常療癒。園內還有許多自

由活動的小動物與植物展示，很適合闔家歡的親子同遊。

✉靜岡縣伊東市富戶1317-13 🕐3～10月09:00～17:00，11～2月09:00～16:00 💲成人2,600圓、小學生1,300圓、4歲以上孩童700圓 ➡搭東海巴士在「仙人掌公園」（シャボテン公園）下車 📶izushaboten.com 🗺488 552 405*24

超人氣水豚君(照片提供／林建宏)

SHIZUOKA HOBBY SQUARE

大人小孩都為之瘋狂的塑膠模型天堂

　　靜岡還有一個世界聞名的項目，就是塑膠模型，讓靜岡為此被稱作是「男人的浪漫」、「模型迷的聖地」，且靜岡市官方還取了一個正式名稱「模型之都──靜岡」(ホビーのまち静岡)。靜岡市的城市宣傳四大主題：靜岡茶、鮪魚、模型、櫻花蝦，每年在靜岡市舉辦的模型展等大型活動，也都可以感受到塑膠模型的原點──靜岡的魅力。

　　據說幕府大將軍德川家康在靜岡築駿府城，以及後來打造久能山東照宮及淺間神社時，召集全國優秀的工匠前來駿府。特別是19世紀開始，淺間神社的工程時間花了超過60個年頭，工匠們在靜岡落地生根，影響後代靜岡傳統工藝的發展。

　　BANDAI 萬代、TAMIYA 田宮模型、青島文化教材社、HASEGAWA 等大家熟悉的塑膠模型大廠多數都是「靜岡製造」，目前在靜岡市製造的塑膠模型總數是全國第一，占日本全國 8 成以上。

　　位於 JR 靜岡站南口附近的 SHIZUOKA HOBBY SQUARE 展示了靜岡 6 家知名模型企業的產品，還有日本古城建築模型、驅動車、亮晶晶的食物模型製作也都看得到。這邊備有一間工作室，選購後可直接在現場DIY。

✉ 靜岡縣靜岡市駿河區南町18-1 🕐 週二～五11:00～18:00，週末六、日&國定假日10:00～18:00 休 週一，適逢國定假日則隔天休館 💲免費 ➡ JR靜岡站南口徒步約3分鐘 http www.hobbysquare.jp MC 25 497 128*62 MAP P.99

❶鋼彈模型展示／❷食物模型工藝展示／❸吸引世界各地模型喜好者朝聖的SHIZUOKA HOBBY SHOW／❹鋼彈模型展示／❺由JR靜岡站南口上天橋可直通HOBBY SQUARE／❻靜岡縣內知名塑膠模型展示，免費參觀，粉絲們可別錯過(照片提供／阿鍊)／❼模型展示品

掛川花鳥園

花鳥作伴，不論晴雨，整年都可以玩樂

掛川花鳥園是日本著名的花鳥園之一，與一般動物園不同，將鳥類飼養在寬敞的溫室空間裡，入口處有來自世界各地十多種貓頭鷹迎接，園內更有許多有趣的參觀處。

池塘邊鴛鴦跟南非企鵝悠然滑水或散步，非常療癒。進入室內後是自助式午餐區以及花鳥園café，用餐區的天花板有鳳仙花高掛，與群花相伴的用餐氣氛是不是顯得格外繽紛？園內可以購買飼料餵食，與動物親密互動，或是與貓頭鷹拍照(需另外付費)。最不可錯過的就是表演秀，一天3場，室外的表演秀若遇天候不佳，會改到室內進行。這裡之所以吸引喜愛鳥類與動物的人，就是因為不用隔著柵欄或是玻璃櫥窗欣賞鳥類。除了可以近距離觀賞，照片拍得過癮，園裡的動物不受小籠子拘束，就像是在森林自然空間裡，令人放鬆沒有壓迫感。

鳥園裡還有優美的室內池塘，種滿蓮花的池子裡有魚兒悠游。園方對於環境的維護相當用心，就算對動物、鳥類有所懼怕的人也不擔心異味。紀念品區有可愛的園內人氣偶像周邊商品，看了通通想帶回家！不受天氣影響，推薦大朋友、小朋友闔家歡同遊。

✉ 靜岡縣掛川市南西鄉1517　💲 入園成人(中學生以上)1,500圓，小學生700圓，幼兒(小學生以下)免費　➡ 距離JR掛川站800公尺，步行約15分鐘；或從JR掛川站北口2號候車亭搭乘市街地循環線(南回)約10分鐘，在掛川花鳥園前下車；或是搭乘計程車，車程約3分鐘　http k-hana-tori.com　◎ @kakegawa_kachouen　mt 83 602 845*88

❶睡蓮池塘／❷不動鳥／❸在室內一邊用餐，還可抬頭欣賞鳳仙花／❹鸚鵡／❺南非企鵝／❻可愛周邊紀念品

特別企劃

東海唯一名城
掛川城下町散策

豆知識

掛川城歷史沿革

從 JR 掛川站前往掛川城步行約 10 分鐘，街道風景與店家招牌有默契的搭配掛川城氛圍，簡單而樸實；或把自駕車停在附近的停車場，不到 1 分鐘距離，轉個彎就可以看到掛川市指定文化財「大手門」。越過大手門後，沿著河畔往掛川城方向前進。逆川河畔也是靜岡賞櫻名所，柳樹、櫻花盛開時看到的掛川城格外美麗。

目前有「掛川MARU TOKU PASSPORT」（掛川まるとくパスポート）可以使用，包含掛川城、二之丸茶室、竹之丸、二之丸美術館、彩繪玻璃美術館（ステンドグラス美術館）以及掛川花鳥園，共 6 處設施入場券，還包含市街地循環巴士 1 次使用券（每份 100 圓），總價超過 3,300 圓，僅需 1,900 圓，非常划算。

室町時代後期(1512～1513年)，駿河的守護大名今川氏為了控制遠江(現：靜岡西部)一帶，命令家臣朝比奈泰熙在掛川築城。掛川城便成為今川、武田、德川軍之間上演爭奪戰之舞台。戰國時代，豐臣秀吉的家臣山內一豐進駐掛川城。作為掛川城主的10年期間，山內一豐大規模的整修成郭，建設天守閣、大手門，致力於整備城下町、大井川治水工程。掛川城對山內一豐不但意義重大，據說掛川城也成為後來高知城的建造雛形。

大手門

📷 @kakegawa_castle 🅜🅣 83 662 541*28

SPOT ❶ 天守閣

　沿著通往天守閣的階梯往上，雖然階梯不少，但路程不遠。天守閣的外觀看似狹小，裡頭的構造卻不壓迫，在江戶時代可以打造這樣的建築真令人讚歎。裡頭有不少展示品，從天守閣瞭望掛川市的街景時，常想像城主殿下是不是也會從這裡一觀天下呢？

掛川城天守閣

天守閣內的展示品

SPOT ❷ 御殿

　天守閣旁邊的小路往下走可以通往御殿，掛川城御殿採書院造建築，是藩主舉辦公開儀式之處，也兼具公邸、辦公機能。江戶時代後期在二之丸上建造的御殿，是日本現在少數現存的城郭御殿，歷史價值極為珍貴。塌塌米地板，和式障子的隔間大小不一，作用也不同。

御殿正門

御殿內部

SPOT ❹ 竹之丸

　天正 18 年 (1590 年) 山內一豐任掛川城主時擴建城郭外牆土壁，竹之丸也被認為是在這個時期誕生。竹之丸是通往天守閣或本丸等城堡中心的通路，在防衛上極具重要性，多冊封為家老重臣的宅地。自江戶時代起經營葛布批發商「松屋」的松本家，在明治 36 年蓋了本宅，後又增建 2 樓。近代和風建築之美、松本家對建築的高要求、當時職人的精湛技術，在竹之丸內都可以看到。

舊松本家住宅

SPOT ❸ 二之丸茶室

　掛川城天守閣東側的木造平屋建築，採「一字文葺」傳統的數寄屋式風格建築。調和日式庭院與風雅茶室，可以在這裡品嘗掛川抹茶或煎茶與當地和菓子。一邊眺望窗外掛川城天守閣與日式庭院景色，在二之丸茶室的靜岡茶體驗閒適，卻不失優雅。

二之丸茶室內部

品嘗和菓子

天守閣
✉ 靜岡縣掛川市掛川 1138-24　🕐 09:00～17:00(最後入館時間16:30)　💲 大人410圓、小學生150圓(含參觀御殿)　➡ JR掛川站步行7分鐘　🌐 kakegawajo.com/tensyu　ℹ 每月第一、三個週日可能與忍者巧遇

竹之丸
🕐 09:00～17:00(最後入館時間16:30)　💲 大人100圓、中小學生50圓　🌐 kakegawajo.com/take

御殿
🕐 09:00～17:00(最後入館時間16:30)　💲 大人410圓、小學生150圓(包含在掛川城天守閣見學)　🌐 kakegawajo.com/goden

二之丸茶室
🕐 09:00～17:00(最後入館時間16:30)　💲 大人510圓、中小學生250圓　🌐 kakegawajo.com/guides/tya

道地經典美食
吃得像個靜岡人

在日本，「下班後的一杯」有時候並非全是交際應酬，偶爾是三五好友聯絡感情，也是慰勞自己今天一日勞累的時刻。品嘗居酒屋美食，融入當地生活氛圍，用美食串聯旅行的回憶，也是旅行的享受。另外，靜岡漁業發達、美食文化多元，來到這裡，必得好好的大飽口福！

體驗道地的深夜食堂
下班後的一杯，
當地平民小酒場

靜岡煮
（靜岡おでん；Shizuoka Oden）
專屬靜岡的獨特口味

靜岡煮有別於一般熟知的關東煮，使用濃口醬油、牛筋豬腸等內臟類熬煮成黑黝黝的湯底，是最大的特色。追溯靜岡煮發展歷史，主要分為類似下課後孩子們逗留的古早味柑仔店，兼賣靜岡煮的雜貨店型（相似場景曾出現在《櫻桃小丸子》卡通漫畫中），與戰後類似夜市小攤位發展而來的居酒屋型兩類。

靜岡煮主要集中在靜岡市區，離青葉通不遠的「青葉橫丁」與隔著昭和通的「青葉Ode街」（青葉おでん街；Aobaodenkai）。各家店鋪的湯頭都是祕辛，都是獨家，各具特色。一腳踏進青葉橫丁，就像日劇中會出現的情景一樣，從外到內，青葉橫丁散發出滿滿的昭和深夜食堂氛圍。

日本人在喝酒場合上多數都會以「先給我啤酒」（とりあえずビール；Toriaezu Biru）開始，喜歡生啤的話就不要錯過 Sapporo 在靜岡生產的「靜岡麥酒」（Shizuoka Bakushu），或其他具靜岡特色的調酒。來到這樣的小居酒屋，不僅是吃靜岡煮、喝酒，與店主或其他客人的交流，也是重要的環節。

Obachan（おばちゃん）的店主原屬加盟知名靜岡煮連鎖店，2009 年進駐青葉橫丁開業，累積了一定名聲。目前店鋪移轉到駿府城公園內，與青葉橫町的深夜食堂是不同的感覺，這裡是古早味柑仔店型的店鋪，儼然是最原始靜岡煮店的模樣。座位就設在外面，像極了在公園野餐的感覺，也可以外帶到公園的其他地方吃。不用等到天黑，天氣晴朗的白天就可以大快朵頤美味的靜岡煮。

駿府城公園 Oden Obachan（駿府城公園おでんおばちゃん）
✉ 靜岡縣靜岡市葵區駿府城公園1-1 ☎ 080-5824-7400 ⏰ 10:00～17:00(因應季節可能有調整) 🚶 JR靜岡站步行約15分鐘、新靜岡站步行約8分鐘 🌐 odenya-obachan.com ⓘ @sunpujyo_odenyaobachan Ⓜ 25 496 881 * 31 🗺 P.99

靜岡煮點餐大全		
日文	羅馬拼音	中譯
牛すじ	gyusuji	牛筋
黒はんぺん	kurohanpen	黑輪
さんかく	sankaku	三角魚板
ふわ	fuwa	牛肺
しのだ巻き	sinodamaki	信田卷
ちくわ	chikuawa	竹輪
じゃがいも	jagaimo	馬鈴薯
大根	daikon	白蘿蔔
玉子	tamago	蛋
がんも	ganmo	炸五目豆腐
ロールキャベツ	rorukyabetsu	高麗菜卷
はんぺんフライ	hanpenfurai	炸黑魚板
あじ干物沼津揚げ	aji himono numadu age	沼津竹筴魚炸物
静岡割り	shizuokawari	靜岡㷫調酒
静岡麦酒	shizuoka bakushu	靜岡產啤酒
藤枝ハイボール	fujieda haiboru	藤枝汽水威士忌
三ケ日みかんハイボール	mikabi mikan haiboru	三日柑橘汽水威士忌

貼心小提醒

吃靜岡煮的注意事項

①日本居酒屋文化是先點飲料，乾杯後再點餐點。如果不懂日文，可以使用本書的簡單菜單教學指給店主看，或是寫在紙上使用筆談。

②真的酒量不好，不想喝酒精的話，也有無酒精類(ソフトドリンク；sofutodorinku)飲料可選擇。在這一帶靜岡煮小本經營的小居酒屋內，若是沒有點飲料，僅要水喝的話，有可能招致店主的不歡迎。文內介紹的Obachan須付費購買飲用水。

③靜岡煮與一般關東煮不同在於「不喝湯頭」，在靜岡煮上灑上混有柴魚與海苔的特製調味粉，大快朵頤才是王道。

❶Obachan位在駿府城公園內靠近二之丸橋入口／❷白天也營業，不到等到天黑也能吃到美味的靜岡煮／❸黑黝黝的靜岡煮滷鍋正是靜岡煮最大特色／❹人氣選項——牛筋

豆　知　識

居酒屋雞尾酒特調說明

● 靜岡茶調酒：靜岡茶加上日本燒酒的靜岡獨有調酒。在靜岡以外的地方也許會稱綠茶調酒，在靜岡縣內大多稱靜岡(茶)調酒。

● 藤枝汽水威士忌：使用紫色花色素調色，混有特產Kabosu橙類果實，與西印度櫻桃Acerola的糖漿，加上汽水與威士忌的靜岡獨特調酒。

居酒屋
下班後的一杯，上班族紓壓的天堂

JR 靜岡站＆南口

　　靜岡站南口附近辦公大樓與幾家飯店集中，居酒屋多藏身在南口出站後紅綠燈右手邊一帶，靜岡煮、櫻花蝦、吻仔魚、燒烤炸物這裡都找得到，分量不大，料理多具大家喜愛的靜岡特色，靜岡茶燒酒特調、生啤、日本酒更是不能缺少，價格也親民，受許多年輕上班族與外地遊客喜愛。

　　近來靜岡車站內也大幅增加新店鋪，有不少主打靜岡當地食材製作的在地料理，像海坊主（海ぼうず）本店在距離車站南口約3分鐘的地方，營業到晚上23:30，而車站內的ASTY靜岡東館也有家分店，中午就開始營業，是難得中午也可以找到吃靜岡煮的地方。

　　日本人喜歡餃子的程度出乎意料之外，日本的餃子一般多為煎餃，表皮薄口感近似鍋貼，內餡因各店鋪不同，味道有特色。「餃子研究所 大眾酒場」還把內餡的肉、菜、蒜薑的比例細分，可以選擇蒜味重的「男餃子」，或是選擇健康走向、蔬菜比例高的「女餃子」。清水咖哩肥腸(清水もつカレー)也

Kayo日本慢活旅行提案

JR靜岡站南口附近的多元選擇

　　曾在《日本妙國民》節目上推薦的靜岡煮「海坊主」(海ぼうず)就在附近。賤機はん兵衛、餃子研究所這幾家都是同一個靜岡餐飲集團經營的，有許多共通菜單，若是遇到店家高朋滿座無法進店，也可以到其他店鋪。

從店外就能看見超大靜岡煮滷鍋，讓人嘖嘖稱奇

是靜岡當地鄉土下酒小菜，在餃子研究所裡都可以吃得到。

海坊主（海ぼうず）本店
✉ 靜岡市駿河區南町6-11 🕐 15:00～23:30 ➡ 靜岡站南口步行約3分鐘 http shouetsu.co.jp/umibouzu_honten ◎ @umibosegroup 🚇 25 467 873*15

海坊主（海ぼうず）JR 靜岡站 NAKA
✉ 靜岡市葵區黑金町4 ASTY東館 🕐 平日11:00～22:00，週末、假日11:00～21:00；午餐11:00～14:00

餃子研究所
✉ 靜岡縣靜岡市葵區南町6-1 ☎ 054-284-6166 🕐 17:00～02:00 ➡ JR靜岡站南口步行3分鐘 http www.shouetsu.co.jp/gyouza_labo 🚇 25 497 030*17 MAP P.99

❶靜岡車站內的ASTY靜岡東館餐飲店／❷ASTY靜岡東館與有海坊主分店／❸餃子研究所裡也能嘗到清水鄉土料理「清水咖哩肥腸」

JR 靜岡站北口

昭和時代末期進入平成年度初期，日本經歷泡沫經濟的華麗年代。以靜岡站北口出站後左手邊步行約 5 分鐘，聚集數家居酒屋，靜岡黃金橫丁 (靜岡ゴールデン橫丁) 在 JR 鐵道橋下掀起一陣昭和復古餘韻與平成元年新時代風潮。烤串、燒肉、洋食、海鮮、炸串物，具代表性的居酒屋料理這裡應有盡有，不走華麗裝潢，復古懷舊裝潢是其特色。具主題概念的話題居酒屋，成為新拍照景點，庶民風格對當地人或遊客也是進店心理門檻不高的好去處。

靜岡黃金橫丁 (靜岡ゴールデン橫丁)
✉ 靜岡縣靜岡市葵區黑金町28-11 🕐 17:00～05:00 ➡ JR 靜岡站北口步行5分鐘 http shizuoka-golden.com ⅿ 25 496 081*57 MAP P.99

❶店家外觀裝潢以再興日本泡沫經濟時代之繁華為主題／❷黃金橫丁內某模特兒假人，儼然成為引人注目的店家宣傳代言人／❸菜單上的推薦菜──燉肥腸／❹紫蘇梅醬烤串口味不膩不油，不當心可會一串接一串停不下來／❺看似沒有特別作用的一角落也發揮巧思布置，非常有趣／❻靜岡站前往黃金橫丁路上風景，許多居酒屋都是僅有晚上營業，落日餘暉正是店家點亮燈，開始營業的時刻

新鮮直送漁港料理

\\ 漁獲資源豐富，到產地一嘗鮮味 //

金目鯛　東伊豆

說伊豆是金目鯛的故鄉一點都不為過！來到伊豆半島，泡溫泉欣賞自然風光以外，千萬不可錯過伊豆人最引以為豪的海鮮「金目鯛料理」。伊豆下田港是金目鯛的魚獲交易量最大港口，據說全日本約8成的交易量都在這裡。金目鯛的肉質口感扎實且味道鮮美，主要捕撈季節是在冬季至隔年2、3月，正值日本過年期間，體色為鮮豔紅色的金目鯛更被視為是吉祥魚，在過年或是重要場合中常常出現金目鯛料理，也顯示好兆頭。不管是金目鯛生魚片或壽司、涮涮鍋、紅燒金目鯛，每種烹飪方式都有其箇中好滋味。

「網元料理 德造丸」是許多人熟知的店鋪，伊豆急下田站附近也有店鋪，品質安定，受許多旅客喜愛。此外，東伊豆溫泉住宿旅館的宴席料理中，幾乎也都會出現高人氣的金目鯛。

網元料理 德造丸本店
✉靜岡縣賀茂郡東伊豆稻取798 ☎0557-95-1688 🕐平日10:00～17:45(最後點餐17:00)，週末與國定假日10:00～15:45(最後點餐15:00)、17:00～20:15(最後點餐19:30) 休週四，若遇到國定假日則改隔天公休 ➡搭乘伊豆急行線在「伊豆稻取站」下車，沿著下坡往稻取港方向走約10分鐘 🔗1930.co.jp 📷@izu1930 📱488 065 078*28
❶伊豆稻取港／❷紅燒金目鯛最下飯／❸金目鯛生魚片丼飯

清晨天色未明就開始準備運送漁貨，沼津港魚市場內此起彼落的貨車倒車、出發聲響與工作的談話聲，開啟了沼津港的早晨。

沼津港每年超過 150 萬訪客前來。是靜岡規模較大且知名的魚市場。同時也有很多海港餐廳進駐在這邊，各種靜岡特色的生、熟食海鮮料理都幾乎找得到。竹莢魚最大宗漁獲就在沼津港，這裡滿是販賣曬乾竹莢魚（アジ）的小販，熱情招呼與此起彼落的叫賣更凸顯純樸的漁港風情。而日本人最標準的早餐定食——烤魚，就常常會出現烤竹莢魚（アジ干物）。

水產複合設施沼津魚市場 INO、沼津MINATO 新鮮館、沼津港 沼津魚市場、港八十三番地等，都聚集了許多海鮮美食餐廳。其中魚河岸丸天創業超過 50 年，價格平實，料理美味又分量飽滿，受到許多人的支持與喜愛。高 9.3 公尺、重達 406 噸的水門BYUO(びゅうお) 是日本最大型的水門，上面的展望台可以看到富士山與附近群山。

黃昏時天空漸轉成溫柔的日暮色彩，富士山微微露出白頭，時間彷彿突然被調慢，得以舒緩白天漁市場喧鬧聲。日落後展望水門BYUO點燈，為沼津港一帶點綴了浪漫氣氛。

水產複合設施沼津魚市場 INO

靜岡縣沼津市千本港町128-3　約清晨05:45～07:00　JR沼津站南口搭乘「伊豆箱根巴士」或「東海巴士」在「沼津港」下車 www.numaichi.co.jp/calendar.html 可從2樓通道看競標魚貨。各店鋪營業時間不同，請上網確認 650 583 304*41

港八十三番地

靜岡縣沼津市千本港町128-3　約09:00～22:00 www.minato83.com 各餐飲店營業時間與公休日不同，請依官網資訊 650 583 580*42

沼津港 沼津魚市場（ぬまづみなと）

靜岡縣沼津市千本港町128-3　約11:00～22:30 numazuminato.com/shopdata 各餐飲店營業時間與公休日不同，請依官網資訊 650 583 301*47

大型展望水門 BYUO

10:00～20:00(週四至14:00)，日落後點燈至22:00 成人100圓、中小學生50圓 650 582 327*33

魚河岸丸天 MIMATO 店（魚河岸丸天みなと店）

靜岡縣沼津市千本港町100-1　10:00～21:45（最後點餐21:00）休週四 www.uogashi-maruten.co.jp/minato 650 583 550*46

❶丸天的人氣「魚河岸わいわい丼」滿載駿河灣海鮮／❷炸烏賊腳酥脆有嚼勁，不管下酒或配飯都很適合／❸魚河岸丸天的獨家專利名菜「海鮮炸什錦天婦羅」／❹大型展望水門BYUO夜間點燈，醒目又絢麗(照片提供／蔡承熹)／❺沼津港以將魚獲曬乾的「干物」出名，近似鹹魚／❻沼津港「港八十三番地」是海鮮料理集中區

櫻花蝦

由比港

體長約4公分，被稱作是海洋寶石，全世界可以捕獲櫻花蝦的地方僅二，一是台灣，二是日本的駿河灣(靜岡)。春天產季在3月下旬～6月上旬左右，秋季則是在10月下旬～12月下旬左右。當地人會逗趣的說：「日本春天的櫻花凋謝後，駿河灣的櫻花(暗指櫻花蝦)正在飛舞～」

漁季時漁師們在半夜出海，捕獲到的櫻花蝦立刻保持鮮度在清晨時運送。外殼柔軟、味道鮮美的現撈「生櫻花蝦」也幾乎僅在靜岡縣內才得以奢侈品嘗這一道限定料理。另外一項特色料理方法是與洋蔥等蔬菜裹粉油炸的kakiage天婦羅(桜えびかき揚げ)。

由比港非觀光漁港走向，規模也較小，除漁港附近的店可以品嘗櫻花蝦料理外，靜岡的許多餐廳，從高級懷石料亭、平民居酒屋，到連鎖快餐店都有這一道「炸櫻花蝦

順遊薩埵峠

東海道舊驛場的「由比」，自鎌倉時代起隨東海道繁榮一同發展，目前留下的多數是江戶時代的舊建築。位於由比宿與興津宿之間，被稱為是東海道難關之處「薩埵峠」，在歌川廣重的「東海道五十三次」中描繪的也是一側為日本最深海灣駿河灣，一側是雄偉又驚險萬分的懸崖峭壁。目前電車東海道本線、東名高速公路、國道1號在此交錯，作為東西交通要道匯集處的代表意義深遠，可一併將富士山與駿河灣盡收眼底，不枉「東海道第一絕景」之美稱。

kakiage天婦羅」。不分男女老少，櫻花蝦已是深深滲透靜岡人生活的全民美食。

由比港漁協 浜のかきあげや
✉靜岡縣靜岡市清水區由比今宿宇濱1127 ☎054-376-0001(僅日語對應) ◷10:00～14:00 休魚季期間週一、跨年新年假期公休，週一為國定假日時則隔天公休；休漁期間僅週五、六、日營業 ➡JR由比站徒步約15分鐘 ❓當日臨時公休機率大，出發前要做好心理準備 http yuikou.jp/enjoy ㎝72 037 725*40

❶薩埵峠(／❷炸櫻花蝦kakiage天婦羅／❸呈半透明粉紅色的生櫻花蝦淋上些許醬油就十分美味

鮪魚

清水港

清水魚市場 河岸之市

✉ 靜岡縣靜岡市清水區島崎町149番地　☎ 054-355-3575
(僅日語對應)　⊙ 市場館09:30～17:30(食材零售部分)，
鮪魚館各店鋪時間不同，請上官網查詢　休 週三，鮪
魚館餐廳部分全年無休　➡ JR清水站東口徒步3分鐘　http
kashinoichi.com　@ @kashinoichi　Ⓜ 25 689 007*01　MAP P.79

　　清水港是全日本鮪魚卸貨量最大的漁港，來自世界各地漁場的鮪魚，直接運送至這裡。全日本超低溫鮪魚 (MAGURO) 最大交易港口——清水港，除了新鮮上桌的鮪魚生魚片外，也會將鮪魚加工成罐頭再銷售到世界各地，讓這鮪魚進進出出的「鮪魚港」揚名世界。「清水魚市場 河岸之市」就位在 JR 清水站東口到清水港一側，過個馬路就是漁港與市場。

❶河岸之市附近眺望富士山／❷清水港遠洋鮪魚卸貨一景／❸清水魚市場建築物外觀(照片提供／顏瑞泰)／❹バンノウ水産
以富士山造型設計的「富士山鮪魚丼」／❺魚市場食堂「不喊停會裝到滿出來的鮪魚漬丼飯」

號稱「清水當地人的廚房」，清水魚市場河岸之市的「市場館」(いちば館)裡可以買到最新鮮的海鮮食材或海鮮加工品，而「鮪魚館」(まぐろ館)裡則可以吃到最新鮮的海鮮料理。漁港餐廳 OGAWA(おがわ) 開店前就有慕名而來的饕客排隊，遞上來生魚片丼飯給得毫不手軟，非常大方！丸森‧まぐろや やす兵衛的海鮮丼飯或壽司品質穩定，價格合理。燒津港直送海鮮 NOKEYA(のっけ家) 在靜岡市街也有店鋪，價位親民，可以享受 CP 值高的平民海鮮丼飯。

提供當地漁港直送食材，最新鮮、最美味。魚市場食堂的鮪魚漬丼飯 (漬けマグロいっぱい丼) 多次受媒體採訪，是「不喊停會裝到滿出來的鮪魚丼飯」。鮪魚批發水產公司所營業的 BANBO バンノウ水產餐廳裡也有鮪魚的稀少部位料理，可以品嘗平常難以入手的海鮮料理。

河岸之市 BANBO、炭家等靠港邊側的餐廳有具開放感的景觀，就像在船上眺望窗外海景一般。多達將近 20 家的海港餐廳，各有特色。除了新鮮生魚片壽司、海鮮丼飯以外，有許多餐廳都有提供煮魚、烤魚等不同烹調的海鮮料理，不敢吃海鮮生食的旅客也不用擔心。

OGAWA(おがわ)
http kashinoichi.com/ichiba_content/page03

丸森‧まぐろや やす兵衛
http kashinoichi.com/ichiba_content/page09

魚市場食堂
http kashinoichi.com/maguro02_content/page05

BANBO 水產 (バンノウ水產)
http kashinoichi.com/maguro01_content/page03

一期
http kashinoichi.com/maguro01_content/page08

岸家
http kashinoichi.com/maguro01_content/page02

❶清水魚市場市場館(いちば館)入口／❷清水魚市場裡許多餐廳集聚於「鮪魚館」／❸以作為「清水當地人的廚房」為傲，海鮮漁獲一應俱全(照片提供／顏瑞泰)／❹正因為是清水港產地直送，海鮮丼食材新鮮價格親民／❺油脂豐富的自家製沙丁魚干物／❻除了近海捕獲的魚類與海鮮外，也提供日本各地海鮮名產／❼鮪魚館裡的海港餐廳「一期」是鮪魚專賣店

吻仔魚

用宗港

　　富士山上融化的雪水夾帶著豐富養分灌注駿河灣，湧升流乘載滋養的海水注入日本最深海灣駿河灣，還需要漁師的經驗跟保溫、保鮮技術才可以維持鮮度，在這樣的環境裡孕育的吻仔魚最美味，被稱作是「駿河灣的鑽石」一點也不為過。半透明、亮晶晶、越新鮮越香甜的生吻仔魚也是靜岡限定哦！

　　從 JR 靜岡站搭電車往島田・濱松方向，僅需 6 分鐘就會抵達用宗站。下車後往海邊的方向一直走，與靜岡熱鬧市街是完全不同的漁村風光。以吻仔魚為名的用宗港，停靠內岸的小漁船、漁師們收拾出港後的整理工作，當地人日復一日的生活日常，在旅人眼中看來，都是進入到不同體驗、「非日常」的一面。

　　進入比單行道更狹長、細窄的小路，走在巷弄中，似乎風景自動縮進眼裡，小巧又溫馨。巷弄胡同中，路的盡頭海天連成一片，無雲的大晴天裡還能幸運的看到富士山以及與海岸線高度接近的伊豆半島。

清水漁協用宗支所
(清水漁協用宗支所どんぶりハウス)
靜岡縣靜岡市駿河區用宗2-18-1　054-256-6077(僅日語對應)　11:00～14:00　雨天、禁漁期(1月15日～3月20日)的週四　JR用宗站徒步約15分鐘　www.pref.shizuoka.jp/sangyou/sa-420/guide/donburi.html　25 314 556*00

貼心小提醒

漁港旁的店鋪臨時公休機率大

　　有些在漁港旁營業的店鋪屬非常態營業，可以提供的數量較少且食材用完就會結束營業，也僅在出海當天才有販賣。但只要到「清水魚市場 河岸之市」或靜岡市街上許多餐廳，都有機會享用到當天新進的最新鮮吻仔魚。

❶用宗港是距離靜岡市區最近的漁港／❷用宗港／❸清水漁協用宗支所／❹從用宗港眺望富士山

用宗海邊推薦美食與住宿

LA PALETTE

　　用宗海邊的LA PALETTE推出最具靜岡特色的風味義式冰淇淋Gelato。以靜岡農家食材直送製造，靜岡本山茶、丸子紅茶、久能山草莓、靜岡柑橘、田丸屋山葵、長田水蜜桃，根據不同季節特色，不同風味的冰淇淋把靜岡名產表現得淋漓盡致，無著色、無香料的原風味讓人更安心、健康。具話題性的用宗吻仔魚口味也沒有讓大家失望，還有季節限定的靜岡當地果汁、咖啡飲品都很值得一試。

店鋪外觀，1樓販賣處，2樓是戶外陽台座位區

從2樓戶外陽台位置一邊看海一邊品嘗義式冰淇淋　LA PALETTE店內

LA PALETTE店鋪外欣賞用宗海邊景色

日本色NIHON IRO

　　翻新超過80年歷史的古民家「日本色NIHON IRO」，保留原有的架構，為古民家注入新貌。距離海邊僅僅3分鐘的路程，白天巷弄胡同中穿梭，晚上可以看到最亮的星星，檀木香四溢的浴缸讓人忘卻時間。用有「媽媽的味道」的定食香味在早上喚醒大家，更加襯托用宗此情此境的氛圍。

　　日本色NIHON IRO古民家民宿住宿採獨棟包棟方式，適合三五好友或家族旅遊。床鋪含日式榻榻米鋪床、最多可以入住6人的寬敞房間，民宿內有可開伙的小廚房。但此處與一般民家距離不遠，夜深後記得控制音量避免鄰居困擾。

日本色NIHON IRO民宿「青藍」外觀

高品質的衛浴備品，看出講究的一面

「青藍」最為寬敞，可入住最多人，還有吊床可休息　民家早餐是民宿體驗中最感動之處

LA PALETTE

✉ 靜岡縣靜岡市駿河區用宗4-21-12 ☎ 054-204-6911 🕐 平日11:00～18:00，週末假日10:00～18:00 ➡ JR用宗站徒步10分鐘 http excite.mochimune.jp/food/lapalette.html 📷 @lapalette_gelato_bar 🗺 25 284 874*42

日本色 NIHON IRO

✉ 靜岡縣靜岡市駿河區用宗2 26-8 1F（辦理入住手續服務處）☎ 054-257-5111 ➡ JR用宗站徒步10分鐘(入住房客可聯絡免費接駁) http nihoniro.jp 📷 @nihon_iro 🗺 25 314 164*63

不可錯過的人氣美食

濱松餃子
全國煎餃消耗量第一名

在日本飲食文化中，說到「餃子」，是近似中華料理中的煎餃。除菜單上寫「水餃子」以外，日本的餐飲店中，餃子料理多指煎餃。濱松人口與餃子店的比例可是全日本第一，據說光是濱松市內就有約 80 家餃子店，可見濱松人有多愛吃餃子。戰後開始許多餃子攤在圓形的煎鍋裡直接將餃子排成圓盤形，煎完後端上桌，一直流傳到現在。濱松餃子最大的特色是餃子餡有大量的高麗菜，與豬肉完美結合，口感較清爽。擺盤的時候會把煎得金黃的餃子排成一個圓圈，象徵圓滿。最後在中間放上豆芽菜，在吃得感到油膩之時，嘗一口豆芽菜還可解膩。雖然沒規定濱松餃子一定要擺成圓盤狀，但要是用一般煎餃盤端出來，靜岡人還會調侃怎麼不是圓形的呢！

近年濱松餃子在靜岡庶民美食 (B 級美食) 排行榜中名列前茅，創業超過 55 年的「むつぎく」得到濱松居民大力支持，是聲望非常高的濱松餃子專門店。店外招牌看板大大寫的「餃子」2 字，不外乎是餃子專門店最好的宣傳。此外，外食有提供煎餃的店家以居酒屋居多，但想要品嘗濱松餃子卻不僅僅限定濱松。由靜岡餐飲公司經營的中式家庭親子餐廳「五味八珍」，在靜岡縣內有一些店家，濱松車站旁 MAYONE 百貨公司 7 樓也有店鋪，大朋友、小朋友想一起闔家品嘗濱松餃子的話，不妨可以找找這間連鎖店。

Mutsugiku(むつぎく)
静岡縣濱松市中區砂石町 356-6　053-455-1700(僅日語對應)　中午11:30～14:30(最後點餐14:00)、晚上17:00～21:00(最後點餐20:30)　休週一、二　JR濱松站南口徒步3分鐘　mutsugiku.jp　26 103 736*33

五味八珍
静岡縣濱松市中區砂石町6-1 MAYONE 7F　053-522-7070(僅日語對應)　11:00～22:00　JR濱松站徒步1分鐘　www.gomihattin.co.jp　26 133 104*71

富士宮炒麵
靜岡人自豪的國民美食之一

富士宮炒麵與一般麵條的做法不同，在蒸籠蒸過後用冷卻的油將麵條的表面上一層保護膜，最大特色在麵條有嚼勁、富有彈力。烹飪時加上豬背肉絞成的碎肉、高麗菜，配上獨特醬汁炒過，最後灑上鰹魚片粉。這樣香味可口的富士宮炒麵不僅多次進入「B-1 グランプリ」(B 級美食錦標賽) 殿堂，更在電視節目《秘密のケンミン SHOW》(日本妙國民) 被大幅報導後受到矚目。

平民美食帶動了地區振興效益，已經變成到富士宮不可不品嘗的平民美食。拜訪富士宮淺間大社的旅人離開前可以順道到附近的「お宮橫町」品嘗富士宮炒麵。宮橫町裡還有許多具靜岡當地特色的餐飲小店，靜岡煮、富士山煎餃、和菓子老店都有設點，也設有座位可在此用餐，值得一遊。需要注意的是僅有白天營業。

富士宮炒麵學會 (お宮橫町 富士宮燒そば学会)
✉靜岡縣富士宮市宮町4-23 📞0544-25-2061 🕐11:00～15:30 休12月31日、1月1日 🚃JR富士宮站步行約8分鐘距離，富士宮淺間大社斜對面 omiyayokocho.com/shoplist/fujinomiyayakisobagakai ㎖72 493 557*77

❶富士宮炒麵是靜岡B級美食代表／❷富士山餃子／❸富士宮炒麵店鋪

山藥泥料理
最具代表性的鄉土料理

除了海鮮是大家熟知的著名美食外，山藥料理也是靜岡具代表性鄉土料理。山藥營養價值高，還可以潤腸胃、幫助消化，是日本國民美食之一。而丁子屋是靜岡第一山藥泥料理老店。

說起東海道的歷史，追溯至慶長元年(1596年)紛爭猛烈的戰國時代，駿府受軍事攻擊，豐臣秀吉在小田原征戰中舉兵通過宇津之谷時，正是丁子屋的創業時期。之後經歷富士山爆發、大政奉還等日本重要轉換期，丁子屋在東海道的鞠子宿(現名為丸子宿)一同見證重要歷史時刻。打開拉門，進入丁子屋店內後，處處可見古民家老宅歲月的痕跡，斑駁的木梁、泛黃的商標，透露這棟建築已走過數百年的歷史。

丸子宿為第20個驛站，丁子屋擁有420年以上的歷史，使用以山藥為首的當地食材，自製味噌與鰹魚高湯調味，淋在半碗糙米飯上，撒上蔥花，用力攪拌，呼嚕呼嚕扒飯喝進口中是滑嫩的山藥泥拌飯最美味的吃法。在有著茅葺屋頂的古民家建築裡享受自古流傳至今的鄉土料理，就像打開時空膠囊的瞬間，感覺彷彿重現了浮世繪裡頭旅店的畫面。

有日本俳聖之稱的詩人 ── 松尾芭蕉、滑稽小說文學家──十返舍一九、浮世繪大師──歌川廣重都曾在著作裡提到丁子屋，店內的隔間更以這些文人之名做命名。享用完山藥泥料理後，到丁子屋另一頭，參觀歷史資料說明與文化展示，就像小型文物館。這裡可以更加了解丁子屋與山藥泥料理的歷史，感受丁子屋對靜岡這片土地的鄉土愛，走過數百年，現在也讓食客們得到休憩與再出發的能量。

丁子屋
✉ 靜岡縣靜岡市駿河區丸子7 10-10 ☎ 054-258-1066 ⏰ 平日11:00～14:00；週末、假日11:00～15:00；最晚點餐16:30～19:00 休 週四，週三不定休 ➡ 從JR靜岡／新靜岡站搭公車「中部國道線」(岡部營業所或藤枝駅前方向)，約35分鐘，在「丸子橋入口」下車 http www.chojiya.info ⓘ @chojiya_tororo ⓜ 25 400 598*68

❶超過400年歷史的茅葺屋頂古民家建築／❷靜岡傳統山藥泥料理有超過400年的歷史／❸在糙米飯上淋上山藥泥，看了就令人食指大動，垂涎三尺／❹進入丁子屋前是松樹綠意包圍的小徑／❺國道1號上丁子屋顯著招牌，靜岡往藤枝方向的公車站牌同在此處／❻資料館中滑稽小說文學家十返舍一九像

宇津之谷散策

國道1號公路往藤枝岡部一帶前進，通過宇津之谷隧道後進入側邊道路，眼前的畫面彷彿讓人可以回到過去。宇津之谷位置在從丸子宿往西邊的山坡上，這裡是東海道的險峻難行之處，穿過丸子川有案板的地方，即是江戶時代宇津之谷的入口，之後順著石板路往集落方向，幽靜的古民家街道映入眼簾。

鱗次櫛比的房舍中有戶「御羽織屋」，裡頭展示著當年豐臣秀吉所贈留的外褂羽織，明治天皇路過時也曾在這一帶休息。木造建築、坡度稍緩的石疊路、古老商號招牌仍佇立在此，雖然不如過往車水馬龍，卻依舊保留昔日風情，一路延伸到目前登錄為國家有形文化財產的明治隧道途中，盡是滿滿的靜岡古風情。

➡ 從JR靜岡／新靜岡站搭公車「中部國道線」(岡部營業所或藤枝駅前方向，約40分鐘，在「宇津ノ谷」下車後步行約5分鐘

❶明治隧道／❷宇津聚落的美麗景觀曾在日本國土交通省的都市景觀大賞中獲得「美麗景觀街道」優秀獎／❸當年豐臣秀吉拜訪並留下羽織之處／❹❺街道

曾為滑稽文學家十返舍一九作為題材，戶外庭院中有紀念碑

與靜岡當地酒造共同合作的聯名商品也很有紀念價值

日式料理店典型「暖簾」布置，多用來標示店名或商號

豆 知 識

東海道、宿場
與山藥泥的緊密連結

東海道是古代、中世時期日本東西交通的重要幹道。德川家康打開江戶幕府時代統一天下，為方便「本城」江戶與朝廷、眾臣所在的「居城」京都、大阪間的連絡，重新整備東海道。浮世繪畫大師歌川廣重曾將自東京(日本橋)出發，行經東海道至京都(三条大橋)沿途所經過的53個驛站與2端點畫成浮世繪作品「東海道五十三次」。

位在東海道上的這些「宿場」(驛站)是來往旅人們住宿用餐、補充糧食的歇腳處，位居東西交通要衝之位、知名難關的「宇津ノ谷」(宇津之谷)就在附近，也正因為要跨越山頭需要絕佳的體力與營養，更顯出丸子宿與山藥泥拌飯的重要地位。

中嶌園醒目的草莓圖案大紅色招牌

草莓
好吃又好玩的酸甜滋味

冬季靜岡觀光的一項樂趣是可以體驗採草莓，也許現在對很多人來說，採草莓已經是許多人都有的經驗，但草莓栽培的歷史來由到底是從哪邊開始的？大部分的人都不清楚。

1896 年創業的常吉草莓園用一株草莓苗培育出「石垣草莓」，成為日本草莓栽培的發祥地。追溯靜岡草莓的歷史，有常吉草莓園創始者川島常吉得到當時久能山東照宮宮司贈與的草莓株苗，後來培育成功之說法；或是其他傳聞。雖然不敢斷定哪種正確，但清水的久能山海岸公路一帶，周圍土壤與氣候適合草莓生長，讓現在靜岡草莓得以穩定發展，是無庸置疑的。

從 12 月下旬開始飄香，1～5 月就可以品嘗到香氣味覺兼具的甜美味道，來到靜岡別忘了大快朵頤一番！

採草莓體驗

採草莓體驗因為需要考量天候與草莓生長狀況控制入園人數，多數草莓園需要預約。草莓的生長季節在冬天，盛產時期與開放採草莓的時候約在跨年、元旦前後～4 月底、5 月初左右。入園價格會因產季時間前後而有所不同，時間越晚、天氣轉暖和後量越來越少，鮮美度會稍微減分，入園價格也會便宜一些。體驗活動以 30 分鐘任食方式居多，園方會指定一個區塊讓一組人自由採食。

貼心小提醒

採草莓注意事項

①採草莓體驗只能在園內食用，禁止外帶。
②有些農園有點斜坡高度或是泥土地，請不要穿高跟鞋。
③若是更改行程，請務必聯絡農園取消預約或改時間。
④農園會因天候或草莓生長狀況而有臨時休業的情形，出發前請再次確認網頁營業資訊。

靜岡人氣草莓農園 Café —— 中嶌園

一邊眺望草莓溫室，幾乎一年四季都能享用草莓甜點的中嶌園（なかじま園），是靜岡知名度的草莓農園咖啡廳。僅在冬季才果實纍纍的草莓，在中嶌園的巧思下，讓草莓甜點四季都有不同變換。

冬季踏進店裡，後方的作業區是一盒又一盒新鮮草莓。農園辛辛苦苦栽培的草莓代表每一個心血，工作人員手腳利落、小心翼翼地專注在新鮮草莓的出貨準備上。

草莓盛產的冬季有受矚目的鮮草莓聖代或鬆餅上朱紅鮮潤的草莓，夏季則有用上一季凍好的草莓削成片片雪花般的草莓剉冰，搭配自家製煉乳跟草莓醬，最為驚喜。招牌甜點「草莓的霜淇淋」並不是霜淇淋混入了草莓口味，而是小塊狀凍草莓，搭配甜度剛好的牛奶霜淇淋和稍帶酸味的結凍草莓製成，非常特別。

中嶌園（なかじま園 農園カフェ）
✉靜岡縣靜岡市葵區羽鳥本町11-21 ☎054-277-2322(僅日語對應) 🕙10:00～17:00(元旦公休) ➡從新靜岡站搭乘靜鐵巴士藥科線到「藥科学習センター」下車，車程約25分鐘 🌐ichigo15.jp/fr/4 Ⓜ25 519 653*41

採草莓體驗推薦行程

從靜岡前往日本平，搭乘日本平纜車到久能山，在久能山東照宮參拜後走下山，石垣草莓就在附近。這樣的行程較為豐富，也不會覺得千里迢迢跑一趟，只為採草莓。

➡從靜岡站出發，搭乘靜鐵公車「石田街道線」；或從清水站出發搭「山原梅蔭寺線」在「久能山下」、「久能局前」一帶下車。

石垣草莓(照片提供／靜岡觀光協會)

❶「苺畑のワッフル」草莓果實、草莓冰淇淋與熱呼呼現烤鬆餅完美搭配／❷夏季限定「食べる！かき氷」，100%結凍的草莓果實削成草莓冰／❸「シャリシャリ苺のソフトクリーム」無季節限定的冷凍草莓果實搭配香草霜淇淋／❹「贅沢ストロベリーパフェ」鮮草莓果實聖代僅在冬天產季提供／❺「フローズンストロベリーパフェ」超人氣的招牌草莓聖代

山葵
連德川家康都愛不釋手

食用山葵的栽培歷史可以追溯至慶長年間(1596～1615年)，在靜岡市安倍川上流「有東木」村落開始。有東木村民採集野生山葵移植栽培，意外的繁殖下來且美味。更傳聞連德川家康都對有東木山葵愛不釋手，採取保護令，禁止山葵栽種外流。明治8年創業，至今已超過140年歷史，田丸屋以「山葵漬物」更讓靜岡山葵聞名全國，深受大家喜愛。吳服町街上的田丸屋本店販賣山葵漬物與相關商品，還有山葵冰淇淋可以嘗試。

田丸屋 (わさび漬の田丸屋本店)
✉ 靜岡縣靜岡市葵區紺屋町6-7 ☎ 054-254-1684 ⏰ 10:00～19:00(元旦公休) ➡ JR靜岡站步行3分鐘 http www.tamaruya.co.jp ⅢC 25 496 350*54 MAP P.99

河津山葵飯

拜知名漫畫與日劇《孤獨美食家》(孤独のグルメ) 的盛名所賜，讓河津山葵飯不孤獨，前來「山葵園 KADOYA」朝聖的饕客絡繹不絕。新鮮的山葵摘掉葉子，現磨成山葵泥後放在鋪滿柴魚片的熱騰騰白飯上，嗆辣的刺激感較為緩和，山葵香在舌尖飛舞後有一股後勁衝上後腦勺快感。搭配山葵海苔、山葵味噌、山葵漬物，讓河津山葵飯簡單、樸素，卻令人難忘。正如井之頭五郎的台詞：「原來是這樣啊～愛吃白飯的人絕對抗拒不了。這種極簡的飯最得我心！」把河津山葵的美味表現得淋漓盡致。

除了山葵園 KADOYA 以外，河津地區有很多店鋪都有提供山葵飯或研發相關新商品，如七瀧觀光中心的食堂 (七滝観光センター泣かせ隊食堂) 還有「山葵奶油紅豆麵包」(あんバタわさこ)，山葵飯與山葵點心已經成為另一個河津觀光的新代名詞。

山葵園 KADOYA(わさび園かどや)
✉ 靜岡縣茂賀郡河津町梨本371-1 ☎ 0558-35-7290 ⏰ 09:30～14:00(售完提早結束營業) 休 週三 ➡ 搭乘東海巴士在「河津七瀧」(河津七滝)下車 http www.wasabien-kadoya.com ⅢC 248 442 798*00

❶靜岡市吳服町上田丸屋本店／❷山葵飯／❸新鮮山葵／❹山藥泥山葵蕎麥麵／❺山葵園KADOYA外觀

帶回濃濃的靜岡精神——
人氣伴手禮 TOP 3

濱松鰻魚派

闔家歡樂的「夜晚的點心」

　　據說在鰻魚派推出，昭和 36 年當時，日本正值經濟成長期，也是女性開始進入職場的時代。忙碌於工作的家族在晚餐後團聚的情景十分可貴，「在夜晚時段能與家人一起享用鰻魚派的時光」一說顯得溫馨。

　　濱松老字號洋菓子店鋪春華堂的長紅伴手禮鰻魚派，萃取鰻魚精華融合在餡皮的麵團裡，口感酥脆如法式千層派的甜味洋菓子，幾乎感覺不出鰻魚味，在伴手禮內是接受度高，符合大眾口味的人氣伴手禮。

靜岡葵煎餅

傳統老口味歷久彌新

　　明治 2 年 (1869 年) 創業的葵煎餅本家，有近 150 年歷史。供奉久能山東照宮，外觀是德川家康家徽葵紋形狀的味噌口味煎餅「葵大丸」，或同樣有葵紋圖樣的瓦煎餅都是靜岡的代表作，受喜愛日式煎餅的人青睞。

　　葵煎餅的瓦煎餅圖樣有客製化服務，可以打印機關團體徽章，使得靜岡當地許多機關團體、公司行號用它來作為官方伴手禮。此外，與櫻桃小丸子主題館合作的小丸子圖案瓦煎餅，更是靜岡人氣伴手禮之一！

追分羊羹

浮世繪與經典漫畫中登場的角色

　　也許不少櫻桃小丸子粉絲初次認識追分羊羹便是在《櫻桃小丸子》的漫畫中，但其實早在之前，浮世繪大師歌川廣重於「東海道五十三次」裡描繪的 18 個宿場江尻宿，就是以追分羊羹為主角。「江尻」是在巴川下游沙洲上的宿場，當地有大片竹林，於是以竹葉皮包紅豆羊羹後再蒸過，變成了流傳 300 年，受歡迎的古早味。德川家最後一代將軍德川慶喜與清水俠客清水次郎長也都對追分羊羹讚不絕口。

追分羊羹本店

　　追分羊羹是以竹葉包著的蒸羊羹，雖然保存期限不長。但其清爽不膩的甘味，是與其他羊羹與眾不同之處。

旅遊外食這樣省──靜岡超市實況報導

　　外出旅遊因行程移動的關係，或趕在店家關門前想要盡情購物，有時候會難以排定用餐時間。比起其他國家，日本沒有騎樓下小吃攤位或是便當店、路邊攤、大排檔等文化，只有車站附近的百貨公司、商場的地下街，或是生鮮超市會設置熟食與便當專區。依販售庫存與時間狀況會有優惠折扣，在打烊前的優惠折扣「撿便宜」，多樣化的選擇也可以自己熱鬧「辦桌」。折扣時間大約是在 20:00 晚餐時間過後，但主要仍依店鋪決定，會看目前庫存決定折扣數與是否實施，不妨碰碰運氣，說不定會巧遇喜歡的食材與打折商品。

豆皮壽司組合打折商品

8折南蠻雞肉

位在新靜岡站cenova百貨商場B1的靜鐵超市

靜岡當地啤酒品牌特賣　　　　打折生魚片壽司

日本的超市一般入口是生鮮水果區。日本盛產蘋果，外銷量大，海外許多地方都可以吃到日本蘋果，在日本更是一年四季都可以吃到蘋果，走進超市會看到琳瑯滿目的種類。靜岡冬季盛產草莓與蜜柑橘，產地直銷，甚至在包裝上直接寫出產地農園資訊，讓消費者更安心，旅途行程中即使無法安排上農園體驗，也可以在超市買到最新鮮的當地水果品嘗。具有生鮮冷藏冷凍設備的超市可以買到生魚片、壽司，在店家點餐要價不斐的壽司，在超市更能平價購買。超市還會貼心設置微波爐提供加熱，即便放置一段時間的熟食便當沒有當下剛出爐熱騰騰的感覺，還是能夠恢復些口感。

　　逛當地超市是旅行中一件很有趣的體驗，可以看到靜岡盛產食材，理解當地飲食習慣，更貼近當地風俗民情。除了大家熟悉招牌伴手禮以外，當地超市也能找到不同種類、大包裝、價格不貴的餅乾點心；也有許多當地生產釀造的日本酒，因為量少珍貴，僅在當地銷售。推薦到超市尋找「地酒」，自用贈人兩相宜，作為獨一無二的伴手禮。

超市裡也可能就近找到種類豐富的酒類

品類豐富的日本蘋果

靜岡茶口味特價麵包

夏季水果水蜜桃

超市販賣的「季節限定罐裝雞尾酒」，單價常常比超商低

超市販賣的果凍，連甜點都有著落！

豆　知　識

怎麼看打折標價
　　日本的折扣標價是「○%引き」時，意指「扣除原價○%為售價」，若原價為100圓，「30%引き」意指折扣額度是100圓x30%＝30圓，折扣後售價是100圓－30圓＝70圓。原價100圓商品打7折之意。

特別企劃

恬意的午茶時間
品牌咖啡廳
特搜

雅正庵

招牌鞠福享譽國際

靜岡茶批發商「小柳津清一商店」直營的靜岡茶café 雅正庵是比較早期提供靜岡茶、伴手禮與料理的 café。麻糬外層、紅豆餡、抹茶生奶油三層比例恰到好處的人氣甜點「鞠福」，曾連續 3 年獲得國際品質評鑑組織 Monde Selection 與國際優秀品質獎。

鮮豔的綠色卻少了苦澀，並保留豐富的鮮味是靜岡抹茶之特色。店家使用 100% 靜岡抹茶，和洋折衷的靜岡茶聖代、日式和菓子甜點、自家製靜岡茶義大利麵條等，把靜岡茶與抹茶的特色融入甜點、料理之中，發揮得淋漓盡致。

靜岡縣靜岡市葵區千代田7-1-47 ☎054-267-3008(僅日語對應) ⏰10:00～19:00，cafe11:00～17:00(最後點餐16:00) 休元旦 @gashouan MAP 25 588 538*03

❶使用靜岡抹茶的義大利麵／❷靜岡抹茶提拉米蘇／❸伴手禮類也人氣極高，除了多種靜岡茶、調配花茶以外，還有年輪蛋糕或是費南雪等洋菓子

推 薦 必 吃

靜岡抹茶雅正庵鞠福聖代
由招牌甜點鞠福、靜岡抹茶寒天、靜岡抹茶瑞士捲蛋糕、抹茶霜淇淋組合而成。

**夏季限定
雅正金時**
招牌甜點鞠福與紅豆點綴抹茶剉冰與抹茶霜淇淋，消暑解膩。

This is café

面海美景令人難忘

從靜岡熱鬧市中心出發，約 20 分鐘的車程就可以看到海，不到半小時內轉換心情，這樣難得的風光也是靜岡的獨特之處。

1 樓是結帳的櫃檯還有外帶區，甜點外帶的話還有折價。馬路對面就是海邊，拎著咖啡直接去海邊散步其實也很不錯。2 樓內用區多數位置可以眺望海邊，幸運的話，還可以坐到直接面海的窗邊位子，享受餐點或是甜點時光。

✉ 靜岡縣靜岡市駿河區高松3093-27 ☎ 054-266-5500 ⊙ 11:00～22:00 ➡ 從JR靜岡站南口搭乘公車「石田街道線」的12或14號，在「宮竹」或「宮竹兒童公園前」下車。公車上面會顯示往「東大谷」或是「久能山下」，因為經過地不同，「宮竹」跟「宮竹兒童公園前」不會同時停，但兩個站牌都離這間店不遠，約走5分鐘就會到。搭公車時要留意平日、週末與國定假日的時刻表不同 http www.this-is-cafe.com mc 25 411 090*67

This is cafe 靜岡店外觀

Affogato

This is cafe 靜岡店2樓內用區靠窗位置

Gemminy's

享受專業沖泡咖啡與美味早餐

沒有睡晚的早晨，到街上走走，溫暖的陽光灑進 café，多麼愜意的靜岡早晨咖啡時光！Gemminy's 使用靜岡市內咖啡豆專賣店 Crear 的咖啡豆，咖啡師一杯一杯沖泡咖啡，格外專業。日本沒有早餐店，除了連鎖咖啡店以外，想要在外吃一頓洋式早餐、喝杯醒腦的咖啡也許不太容易，但在這裡卻可以做到。

✉ 靜岡縣靜岡市葵區傳馬町10-9 ☎ 電話 054-260-6551 ⊙ 平日09:00～17:00(最後點餐16:00)，週末假日08:00～17:00(最後點餐16:00，休息時間10:30～11:00) 休 週二 ➡ 靜岡鐵道新靜岡站步行3分鐘、JR靜岡站步行6分鐘 http gemminys-cafe.com ⊙@gemminys mc 25 497 541*78 map P.99

位於傳馬町馬路上，店外觀

自家製三明治&咖啡套餐，分量不小，相當具飽足感

東府屋＆大正館‧芳泉

溫泉美湯佐午茶時光

　　吉奈溫泉歷史悠久，傳聞德川家康側室阿萬曾在拜訪吉奈溫泉後懷孕生子，而有「子寶之湯」之美名。

　　東府屋 Spa&Resort 是擁有 400 多年歷史的溫泉旅館老舖，坐落於吉奈溫泉山谷之中，更顯清幽，彷彿置身世外桃源。可在旅館內的 Bakery&Table 享受下午茶，邊吃國產小麥與天然酵母製作的自家製麵包與三明治，一邊享受吉奈溫泉的足湯，就像在森林中悠然與大自然對話的野餐。

　　在吉奈溫泉山谷中，還有大正時代電氣製造企業明電舍董事長作為社交招待所建造的

大正館‧芳泉，改建後仍保留原先裝飾風的藝術色彩，引人遙想 1910 ～ 1930 年代大正時代的浪漫。重視線條與幾何運用、和洋折衷的平衡感、裝飾華麗的建築風格，完全體現了當代流行。當時洋風正盛，到喫茶店喝咖啡是大眾的憧憬。大正館‧芳泉 Café Art Deco 目前僅開放有住宿的房客使用，提供生啤酒、紅酒、咖啡、無酒精飲料，可一邊享受飲品，一邊體驗大正風情。

Bakery&Table 東府屋 足湯 Cafe（Bakery&Table 東府や 足湯カフェ）
✉ 靜岡縣伊豆市吉奈98 🕐 10:00～17:00(週日與國定假日09:30～17:00) 休 每月第二、第四個週四(3、5、8、11月無休) ➡ 修善寺：搭巴士往「吉奈溫泉」方向，在「吉奈溫泉口」巴士站可聯絡接駁車 http www.tfyjapan.com/bakery 📷 @bakeryandtable_tofuya mt 248 860 180*58
大正館‧芳泉 Café Art Deco（大正館 芳泉 カフェ アールデコ）
🕐 11:00～17:30 http www.tfyjapan.com/taishokan

❶大正時代建築的大正館‧芳泉／❷營造大正時代浪漫洋氣息／❸返回舊時代的咖啡時光／❹ Bakery&Table麵包工房中午套餐／❺被森林擁抱的足湯，café顧客可免費享受足湯／❻大正浪漫與歐洲大陸流行的裝飾風藝術下和洋融合的空間

靜品一杯茶

乘坐新幹線或是車輛行走高速公路時的窗外，遠方山頭上是綠意滿溢的茶園。除了富士山這個代表性地標以外，靜岡縣另一面景色就是一片片翠綠的美麗茶園。

牧之原茶園(照片提供／蔡承熹)

前往靜岡的途中，比蜜柑橘花開更迷人的香氣！

靜岡茶魅力

關於靜岡茶

日本知名俳句詩人松尾芭蕉元祿7年(1694年)從江戶前往京都旅途上，經過靜岡時用「駿河路や花橘も茶の匂い」描述他對靜岡茶印象之深刻。「從江戶出發行經東海道，來到駿河國(靜岡)，這一帶氣候溫暖，蜜橘花開，花香滿溢。但香氣馥郁的茶香更勝一籌，空氣包圍著飄逸茶香。」

說到靜岡茶，靜岡縣約占日本全國茶園面積與收穫量的40%，日本茶的生產量是全國第一。配合自然環境平原、台地等山形地勢與氣候不同，生產煎茶、深蒸煎茶、玉露等以「靜岡茶」為統一品牌以外，像是天龍茶、菊川茶、本山茶、掛川茶、川根茶、清水茶都是許多人熟悉且產地聞名的品牌。適合種植茶葉的氣候與致力於培育的技術發展，在各種品評會上獲獎，靜岡茶受到高度的肯定。

靜岡茶的歷史

日本茶的歷史最早追溯至奈良‧平安時代遣唐使與留學僧，將茶從中國帶回日本。鎌倉時代於靜岡市葵區櫟澤出生的聖一國師，在靜岡市足久保地區播下種子，此為靜岡茶起源，這種說法最為普遍。不過，也有個說法是同樣在鎌倉時代，榮西禪師從中國帶回了種子，由明惠上人傳布到日本六處，其中一處為現在清水興津(駿河の清見)，是靜岡茶的起源。

戰國時代今川義元重視茶文化，邀請從京都來到靜岡拜訪的朝廷貴族將茶道與茶菓子文化帶到今川館(駿府城)。江戶幕府德川家康在靜岡山部建造保存茶葉之處，秋天進貢至駿府城。明治維新時期，牧之原台地開墾，明治32年清水港開港直接外銷靜岡茶，靜岡茶產量擴大，也帶動靜岡交通與城市急速擴張發展。

靜岡茶主要產區

從牧之原、磐田原、愛鷹山、小笠山山麓、安倍川、大井川、天龍川流域等山部地區為首，共有超過 20 處的產地。

天龍・森・春野茶產地

天龍川上游的北遠地區與大田川上游地區中心，香氣馥郁、優雅淡麗的上質煎茶。

中遠茶產地

小笠山周邊至牧之原一帶，深蒸茶主要產地。

牧之原茶產地

明治初期舊幕府將臣進行牧之原台地開墾，建立日本最大綠茶產地的基礎。

川根茶產地

在南阿爾卑斯山清澈水源與大井川上游良好的栽培環境下，孕育出醇厚圓潤風味靜岡茶。

志太茶產地

藤枝市與島田市山部地區的河川流域茶園為大宗，藤枝市岡部町朝比奈川上游栽培的玉露茶是知名靜岡茗茶。

靜岡本山茶產地

靜岡市安倍川流域與支流藁科流域生產的本山茶，歷史悠久，茶湯澄澈不苦澀、口感溫和為其特色，據說是江戶幕府德川家康最喜愛的茶。

清水・庵原茶產地

以清水南部的日本平與興津川流域為主要栽培區，味道清淡溫醇、香氣濃郁，早期收成為其特色。

富士・沼津茶產地

富士山西南的裾野地區、愛鷹山南麓茶園，圓潤芳醇的口感是最大特色。

靜岡茶主要產區地圖

山梨縣

長野縣

神奈川縣

富士・沼津茶產地

靜岡本山茶產地

愛知縣

清水・庵原茶產地

川根茶產地

志太茶產地

靜岡縣

天龍・森・春野茶產地

牧之原茶產地

中遠茶產地

深入產地，茶園之旅

森內茶農園　靜岡市
從種茶到製茶，自我堅持的小農家

牧之原有體驗農園可以參觀製茶過程與採茶體驗，以觀光型茶園體驗享有盛名，但如果想更近距離接觸茶農園、採茶與品茶，在靜岡市的森內茶農園可以找到不同的靜岡茶體驗。

從靜岡車站出發，越過安倍川往山上方向，車程約 25 分鐘，森內茶農園的茶園位在新東名高速公路下方附近山坡地。森內茶農園來頭不小，曾獲選被指定為「皇室獻上茶茶園」，茶園主人森內先生夫婦，對於小而美的自家茶園更是投注許多心力培育。考慮日照、排水與除霜等問題，面對自然環境與氣候不同，細心找到最適合自家茶園的栽培方法，4 月新茶季節，茶園翠綠，也是茶農最繁忙的時期，採茶後的製茶階段為抓緊最佳時機，常常無法好好停下來休息。

製茶工廠旁自家民宅的塌塌米上一邊聽茶園主人說故事，一邊品茶。與其說是古民家農園 café，森內茶農園少了商業色彩，更多了些茶農樸實的親切感。

✉靜岡縣靜岡市葵區內牧705 ☎054-296-0120(僅日語對應) 💲依不同體驗內容價格不一　需自駕 ❓預約採茶或是體驗請至官網右上角「お問い合わせはこちらから」洽詢 http://www.moriuchitea.com 📷@moriuchi_tea_farm_ MLC25 671 280*54

❶森內茶農園的品茶體驗在工廠旁的自家古民宅，極具傳統日式民宅風格／❷森內夫婦準備了靜岡當地特色甜點搭配自家茶／❸森內茶農園位於靜岡市郊外地區，一側是新東名高速公路通過的高橋

GREEN∞CAFÉ (GREEN EIGHT)
最高價茶名不虛傳
清水‧兩河內

從國道 52 號沿著興津川往山間，遠離塵囂，抵達每年都在靜岡市茶市場初次交易中，喊價最高的「兩河內茶」生產所在之地。位於清水山區，標高稍高，善用地形與氣候特色，加上灌注細心的培育，生產出更加細長、面積也較一般茶葉大三倍的兩河內茶。山間時起雲霧，地形陡峭的環境裡生產的兩河內茶，味道纖細高雅。

拜訪 GREEN ∞ CAFÉ 路途上就像探險，離開靜岡市區後，沿著興津川一路上山前進。時而道路變得窄小，抵達 café 後才恍然大悟，原來店面就是製茶工廠旁邊改造的舊事務所。店內裝潢使用回收的廢材或家具、流木，成為古民家風味滿溢的茶 café。綠茶皆是使用最高級的一番茶，二番茶則用來製作和紅茶 (日式紅茶)。店內可以享用綠茶或是紅茶，搭配當日推出的甜點。兩河內以綠茶聞名，但和紅茶製造量同時也是靜岡縣內最高。

店主繼承上代茶園，但對新一代茶園經營者來說，其責任不僅是持續培育品質與價值頂級的兩河內綠茶，更意識到製茶產業面臨嚴重的經營者高齡化、繼承者難續、新一代年輕族群漸漸遠離茶文化等問題。因此他不但製茶，也親身推廣茶文化，改良日式紅茶，把喝茶文化推廣給更多年輕消費者。傾聽店主的熱情，清水兩河內山裡的這一杯靜岡茶特別甘甜，特別難忘。

✉ 靜岡縣清水區和田島349-4 ☎ 054-395-2203(僅日語對應) 🕙 10.00~16:00 ❌ 週一、二，可能不定休 ➡ 自駕，距離新東名高速公路新清水IC約20分鐘 🌐 www.green8.bz 📷 @green8cafc_official 🗺 483 088 300*11

❶GREEN∞CAFÉ茶園露台／❷店內以木頭裝潢為特色，從櫥櫃到桌子都展現木製工藝感／❸改造自茶工廠事務所為café，走非華麗路線的質樸風格／❹店主致力推廣日式紅茶文化，除了靜岡茶外可以品嘗獨家「和紅茶」／❺罐裝日式紅茶禮盒

貼心小提醒
GREEN∞CAFÉ附近醒目地標
附近有個像日本酒壺的建築物，是當地淨水場配水塔，如果找路時有點迷路，遠遠看到配水塔彎進小路後，靠近後面的茶工廠即是。

附近的配水塔是明顯地標

靜岡茶、京都宇治茶、福岡八女茶被封為日本的代表茗茶，日本茶 (綠茶) 中視為高級聖品的玉露茶，其特色是在採收約 1 個月前搭棚覆蓋，降低陽光直接照射，採摘新芽後進行乾燥與揉捻的過程。靜岡玉露茶的主要產地坐落於靜岡縣藤枝市岡部町，朝比奈川上游孕育出的高級玉露有順口鮮甜茶味與茶香，產量稀少貴重。

喜歡探索日本茶文化的話，推薦走訪「玉露茶的故鄉」——藤枝岡部的「玉露の里」(玉露之里)，親眼見識孕育玉露茶的自然風光並進行茶道體驗，令人印象更深刻。

除了自駕之外，還有以下方式可前往藤枝岡部；不過自主運行的公車路線時間不易查詢，旅客也難以掌握轉車與等待時間，建議若是家族或三五好友一起行動，可以搭乘計程車前往，比較有效率。

交通方式

● Step1：從靜岡市區出發搭乘「中部國道線」至「藤枝市岡部支所前」。搭乘 JR 電車，「靜岡站」到「燒津站」約 13 分鐘，再轉乘公車「燒津岡部線」(往岡部營業所方向)，約 18 分鐘到「藤枝市岡部支所前」下車；也可以從「新靜岡站」或「JR 靜岡站」前搭公車「中部國道線」(往岡部營業所‧藤枝駅方向)，約 45 分鐘抵達。

● Step2：在「藤枝市岡部支所前」換搭市自主運行公車「朝比奈線」(往小布杉方向)到「玉露の里」約 14 分鐘。

朝比奈川畔櫻花盛開

豆　知　識

如何泡一杯靜岡茶

泡出好喝的日本茶，最重要的是掌握3原則：

1. 適宜水溫與水量
2. 不過久的浸泡
3. 精華的最後一滴

1人份約茶葉2〜3克，水溫的部分，煎茶為70〜80度、玉露為50度左右。第一泡等待時間：煎茶60〜90秒、深蒸し茶30〜45秒，茶葉不要浸泡太久才不會苦澀，水量適中，一定要滴完最後一滴茶湯，方能泡出好茶，喝到靜岡茶獨有的甘甜味。

Kayo 日本慢活旅行提案

推薦玉露茶冰淇淋

無論是抹茶冰淇淋愛好者，或是不敢嘗試的人，都一定會喜歡玉露茶冰淇淋，這也是玉露之里最長紅的招牌名物，滑順口感，不苦、不甜膩，還散發淡淡玉露茶香。不過冰淇淋融化速度之快，可別只顧打卡拍照，忘記品嘗了！

茶之華亭

玉露之里是道路休息站，其中「茶之華亭」有停車場、販賣伴手禮且可供用餐。茶之華亭提供和食料理，採用朝比奈地區當地食材，夏天可以品嘗透心涼的綠茶蕎麥麵，冬天有溫暖心房的山藥泥鍋。

✉靜岡縣藤枝市岡部町新舟1214-3 ☎054-668-0019(僅日語對應) ◐11:00～15:00(最後點餐14:30) 休日本跨年休假期間12月28日～1月2日 http shizutetsu-retailing.com/gyokuronosato ◎@gyokuronosato 👣25 390 679*55

❶玉露之里的茶之華亭／❷茶之華亭餐廳／❸朝比奈川畔冬季景色／❹冬天限定山藥鍋料理／❺綠茶蕎麥麵套餐

✉靜岡縣藤枝市岡部町新舟1214-3 ☎054 668-0019(僅日語對應) ◐09:30～17:00(最後入館16:30)，冬季營業時間可能改變 休日本跨年休假期間12月28日～1月2日 💲510圓(可選擇靜岡玉露或足抹茶，搭配和菓子)；玉露·抹茶W券820圓 http shizutetsu-retailing.com/gyokuronosato ◎@gyokuronosato 👣25 390 679*55

茶室「瓢月亭」

隔著朝比奈川另一頭，是有日式庭園、可以體驗茶道的茶室「瓢月亭」，茶室以瓢簞和月亮兩重點特色構成。茶室內隨處可見瓢簞(葫蘆)的小巧思，拉上窗戶後可見月亮陰晴圓缺變化之表現。

茶道體驗可以選擇玉露或是抹茶，各附一塊季節和菓子，專業茶道老師會一邊泡茶，一邊說明靜岡茶的特色。品嘗抹茶前先食用和菓子，緩和抹茶的苦味；若是品嘗玉露，則是先喝茶。整場體驗不管是感受茶室的氣氛、建築之美、日本茶道之奧妙，都是絕佳學習與體驗。

人數少時可能可使用旁側茶室，一邊聽述武士品茗「一期一會」的故事，彷彿回到從前的時代之中。

貼心小提醒 勿穿著浴衣喝茶
　　喝完茶後，茶室裡外可以自由走動遊覽，還有提供簡單穿著的浴衣讓大家可以換裝拍照，但不能穿著浴衣喝茶，需要留意。

❶茶室「瓢月亭」夏日庭園景色／❷專業的茶道實演／❸日式庭園／❹玉露茶

喫茶一茶
從靜岡的玄關口傳遞靜岡茶魅力

到靜岡推薦的體驗之一，品嘗靜岡茶。如果沒有充裕的時間前往藤枝的玉露之里或掛川城茶室，不妨考慮到靜岡站地下通道交會處的靜岡茶café「喫茶一茶」。位在靜岡站，交通便捷非常方便，但也最容易被忽略。「喫茶一茶」的來頭可不小，這裡是靜岡茶的品牌測試店，是由靜岡茶商工業協同組合營運的日本茶café。吧檯式座位不多，但不用預約，非常方便。提供的靜岡茶與甜點套餐，價格在500～700圓上下，非常親民。時間不夠的話也有提供外帶服務。

旁邊櫥窗販售日本人最愛的ワンコイン(one coin，硬幣一枚意指500圓)，靜岡茶也是暢銷的伴手禮。多達50多間靜岡市茶農的產品，商品種類豐富，還有當季新茶可選購，受從日本各地前來靜岡觀光的旅客及許多商務客歡迎。

因應季節性變化靜岡茶體驗菜單，店家也會細心指導如何沖泡好喝的靜岡茶，搭配靜岡當地名物——安倍川麻糬或和式生菓子，不管是在靜岡茶或是茶點的搭配選擇上，都傳遞了滿滿靜岡情。

✉ 靜岡縣靜岡市葵區黑金町49-1 JR靜岡站北口地下廣場 ☎ 054-253-0030(僅日語對應) ◷ 09:00～19:00(最後點餐18:30) ⊗ 週三 ➡ JR靜岡站往北口方向，往地下通道下樓梯後，在地下通道交會處往左轉 http www.ocha.or.jp/issa ⌖ P.99

❶ 人氣綠茶伴手禮500圓商品區／❷ 店內提供的靜岡茶＆甜點套餐／❸ 當季品茶商品內容展示與介紹

Maruzen Tea Roastery
時尚潮流風，靜岡茶的另一面

靜岡市內知名靜岡茶批發商「丸善製茶」在迎接創業70年時，想讓更多年輕族群理解日本茶，傳遞日本茶文化，因此世界第一家販售茶Gelato冰淇淋的café在靜岡市區吳服町上開張。店內設有煎焙工房，不同溫度下煎焙茶葉並手沖提供，從80～200度有5種階段可選擇，淺煎焙到深煎焙，也可以與冰淇淋搭配，享受日本茶與茶甜點。

茶冰淇淋除了分6階段溫度，煎焙6種口味外，加上季節變換的時令口味共10種可選擇。用「煎焙溫度」做區分的構想打破既往對於茶味濃度觀念，茶湯入口後細細品嘗，茶香回甘滿溢口中。煎焙溫度將靜岡茶特色表現得淋漓盡致，去除雜質的200度重煎焙「焙茶」，與80度保留玉露甘甜的靜岡代表「玉露」冰淇淋是店家的推薦組合。

由知名的日本茶專賣店「東京茶寮」的營運公司「LUCY ALTER DESIGN」打造整體概念，白色基調裝潢讓最想凸顯的茶元素更加強烈，一向親民的靜岡茶也增添了分脫俗的時尚感。2樓有座位可以內用，也可以外帶靜岡茶或是冰淇淋到附近的常磐公園，找個地方坐下慢慢享用。

✉ 靜岡縣靜岡市葵區吳服町2-2-5 🕐 11:00～18:00 休 週二 ➡ JR靜岡站徒步約8分鐘 http www.maruzentearoastery.com 📷 @maruzentearoastery ☎ 25 496 516*66 MAP P.99

❶店鋪外觀與店內注重採光，以白色基調為主的設計／❷Maruzen Tea Roastery的茶Gelato口味濃郁，抹茶冰淇淋愛好者千萬別錯過！／❸店鋪占地不大，白色簡約風格具開放感／❹靜岡茶阿芙佳朵與冰煎茶／❺琳瑯滿目的茶Gelato冰淇淋櫃

觀光鐵路遊靜岡

　　鐵道觀光風情萬種，在沿途風光裡找到旅途中最深刻的鐵路風光。跟隨城市腳步，在靜岡鐵道裡看到市井小民生活角落一幕；搭乘大井川鐵道SL蒸氣火車穿梭茶園間，ABT登山火車帶你到再遠也值得探索的祕境車站；天龍濱名湖鐵道體驗鄉間樸質氣息，搭乘觀光鐵道探索靜岡另一面。

2

靜岡鐵道

往返於鄉間，感受靜岡市井風味

1908 年開業，最早是以載運靜岡茶，從集中批發的靜岡安西地區、茶町至清水港為主要目的之鐵道。經過幾次時代變遷和經營權更迭，現在靜岡鐵道的「靜岡清水線」是連結市區新靜岡站與新清水站僅 11 公里的迷你私人鐵道。行走在靜岡與清水之間的迷你鐵路，相隔 5 ～ 7 分鐘頻繁發車的班次讓許多人驚奇不已，靜岡鐵道載送每日的上下班通勤族，乘載居民的日常生活點滴。如果喜歡慢步調、慢旅行，試乘靜岡鐵道來個靜岡沿線散策，緩慢的前進，更能感受窗外景色與市井小民的平淡生活。

❶電車出發前確認指示(照片提供／顏瑞泰)／❷新靜岡站

靜岡鐵道 靜岡清水線

新靜岡　日吉町　音羽町　春日町　柚木　長沼　古庄　縣綜合運動場　縣立美術館前　草薙　御門台　狐之崎　櫻橋　入江岡　新清水

✿ 櫻桃小丸子彩繪列車

　　由營運清水夢幻廣場的 Dream Plaza 公司、靜岡鐵道與靜岡市攜手合作，在靜岡鐵道裡行駛櫻桃小丸子彩繪列車(ちびまる子ちゃんラッピング電車)。從新靜岡站到新清水站間，每天有 9～13 班小丸子列車運行，粉紅色的車體上有清水港、清水夢幻廣場 Dream Plaza 摩天輪、富士山等圖案，還有小丸子的同學們也一起出現。櫻桃小丸子彩繪列車從外裝到內部，在很多小細節上展現巧思，讓人在電車裡也可以感受歡樂氣息。除了小丸子車掌廣播會提醒即將到站的車站、不要忘記手邊行李，電車吊環上還有名言集、特殊小丸子造型吊飾等等。小丸子列車上也有免費 Wi-Fi，搭乘列車時可以立刻把與小丸子見面的興奮心情分享給親朋好友。

　　小丸子列車是靜岡鐵道一般行駛的列車，固定週期會有不定期維修檢查，時間可能是幾個小時、半天或是一整天，雖不會連休好幾天，還建議先上靜岡鐵道官網查詢時刻表，避免撲空。

http train.shizutetsu.co.jp (點選右下角櫻桃小丸子站務員後，就能看到列車時刻表)

貼心小提醒　這些時段前往才有小丸子廣播

　　早上通勤列車與特急列車、部分區間行駛(例如柚木站－長沼站)不會播放小丸子車掌導覽廣播。避開上下班通勤時間，在平日 10:00～16:00、週末、假日全天時段搭乘，不但可以聽到日本櫻桃小丸子卡通原配音錄製的小丸子車掌廣播，也可以更盡情拍照。

❶櫻桃小丸子彩繪列車抵達新靜岡站／❷小丸子的同學也來了！／❸車廂內布置／❹櫻桃小丸子彩繪列車長沼車庫待機中／❺進站停靠／❻小丸子以車掌姿態現身／❼靜岡鐵道電子交通IC卡「櫻桃小丸子彩繪列車紀念版」／❽櫻桃小丸子特殊吊飾／❾櫻桃小丸特殊吊環之一，小丸子招牌尷尬臉(照片提供／阿鍊)／❿櫻桃小丸子彩繪列車中，櫻桃子老師自肖像的城市觀光宣傳裝飾(照片提供／阿鍊)

✿ 沿線散策

日吉町站

　靜岡鐵道與北街道、鷹匠中央道路切出近三角形區域，距離靜岡市中心僅些許距離，德川家康的馴鷹師居住在這一帶，因而命名「鷹匠」。與喧囂市中心的吳服町、七間町截然不同的氛圍，巷弄裡近來有許多時尚雜貨、café、特色小店進駐，為鷹匠帶來一股新活力。

　創業歷史 130 年以上的靜岡茶批發商老店圓森商店 (マルモ森商店) 直營的日本茶專門店 Chagama 可以試飲，販售超過 50 種類別的日本茶。店名 Chagama，日語漢字為「茶釜」，是泡茶時煮水的器具。傳統的名稱，前衛的體驗，煎茶新作法，展現不同面向的新日本茶文化。

　「煎茶阿芙佳朵」(affogato)，是前所未見的綠茶甜點。第一口小口品嘗使用義式咖啡機濃縮萃取的「煎茶 espresso」，強烈的煎茶味集結煎茶最精華之處，衝擊味蕾的苦澀後是回甘的香味；後將兩球香草冰淇淋淋上 espresso 的阿芙佳朵式做法，緩和強烈的味道，令人印象深刻。

Chagama
✉ 靜岡縣靜岡市葵區鷹匠2-10-7 1F ☎ 054-260-4775 ⏰ 10:00～19:00 ✖ 週一，如遇國定假日則改為隔日公休 ➡ 靜岡鐵道新靜岡站徒步5分鐘、JR靜岡站徒步約13分鐘 🌐 www.ochanet.com/chagama ⁉ 飲品提供外帶，有一處可稍作休息的地方，但無內用座位 📷 @chagama0503 🅼 25 497 873*42 🅼🅰🅿 P.99

❶茶釜／❷煎茶阿芙佳朵／❸日吉町車站平交道口／❹Chagama外觀／❺鷹匠街道／❻試飲區

172

柚木站

　　靜岡縣護國神社是當地居民跨年夜(大晦日)、新年參拜(初詣)的熱門拜訪地之一，昭和16年建造時，靜岡縣內各地供奉的樹木種植在此，境內的常綠闊葉林茂密生長，綠意盎然。週末假日偶爾會有跳蚤市場、假日市集街。每年春天與秋天在此舉辦的靜岡手創市集(ARTS & CRAFT 靜岡手創り市)，吸引不少手工創意工作者、café 聚集。在市集裡買杯咖啡跟手工蛋糕，逛市集，參加靜岡當地活動，留下獨一無二的靜岡印象。

靜岡縣護國神社
✉靜岡縣靜岡市葵區柚木366 🕐06:00～18:00 ➡柚木站下車後步行3分鐘到鳥居，步行至本殿約5分鐘 **http**
shizuokagokoku.jp 🚇25 559 096*51
❶手創攤位／❷逛市集可以嘗到來自各地的咖啡和甜點／❸柚木站天橋遠眺富士山／❹二之鳥居旁櫻花樹盛開(照片提供／顏瑞泰)／❺護國神社拜殿(照片提供／顏瑞泰)

❶長沼站附近捕捉新型車輛身影(照片提供／顏瑞泰)／❷大正時期的古董車輛「デワ1形」／❸長沼車庫

長沼站

　　計畫搭乘櫻桃小丸子彩繪列車的旅客，建議排定行程時可彈性留有兩天的時間，若不巧遇到運休日，也可以到靜岡鐵道電車基地──長沼站尋覓櫻桃小丸子彩繪列車身影。車庫後方是富士山方向，有機會拍到櫻桃小丸子與富士山同時入鏡的照片。9月中旬會舉辦「電車嘉年華活動」(静鉄電車祭り)，長沼基地難得開放，可以一窺神祕的鐵道車庫。孩子們大多為了電車見學、電車洗車等體驗活動而來，鐵道迷們更是摩拳擦掌，相機快門停不下來。屆時會展示靜岡鐵道大正時期的古董車輛「デワ1形」、新型車輛「A3000形」，與櫻桃小丸子彩繪列車齊聚一堂。

縣綜合運動場站

從新靜岡站出發時心想著今天不知道是不是可以幸運的看到富士山呢？行經古庄站後轉個彎，前往縣綜合運動場站途中漸漸爬高，咚～！富士山就在眼前。說不定還會碰巧看到東海道新幹線穿過下方呢！

櫻橋站

櫻桃小丸子的同學們一起在操場上踢足球的場景、清水知名的伴手禮追分羊羹本店，這些大家熟悉的場面就在靜岡鐵道櫻橋站附近。穿越南幹線道路，還有一間清水人都知道的知名甜點老店「咖啡處 草里」。

藏身在巷弄中的草里，小庭院後面是一幢洋房建築，1樓是café，玻璃櫥窗裡各式各樣華麗裝飾的洋菓子、當季水果蛋糕、水果塔，口感極佳，被稱作是「清水最好吃的甜點店」。咖啡、紅茶、花草茶飲品種類眾多，在甜點與飲品上受甜點愛好者肯定外，店主夫婦對古董藝術情有獨鍾之意，更在店裡裝飾表露無遺。新藝術派的店內裝飾，店內氣氛與視覺享受沒有讓人失望。營業到晚上9點，走進草里就像是走進西洋古董洋菓子店，悠閒度過大人的咖啡甜點時光。

Kayo日本慢活旅行提案

附近的大型電器用品店

避免採購後還要走一段路搭電車回飯店，新靜岡Nojima電器行是市區最方便的選擇。若就近想找大規模電器用品店的話，縣綜合運動場站下車後步行約10分鐘有「YAMADA」跟「KOJIMA×BIG CAMERA」兩家大型家電用品店並立，可以參考。

行經古庄站與縣綜合運動場站間眺望富士山

咖啡處 草里 (珈琲処 草里)
✉ 靜岡縣靜岡市清水區春日2-2-13 ☎ 054-352-4446 ◷ 10:00～21:00 休週二 ➡ 櫻橋站步行7分鐘 http www.zoree.net
◉ @cafe_zoree 〽 25 627 756*11

❶咖啡處 草里店外觀／❷店主夫婦精心設計的店內擺飾／❸秋季栗子甜點／❹無花果水果塔／❺人氣排行名列前茅的甜點「水果可麗餅」／❻一個人也可以輕鬆入店，閒適享用咖啡

入江岡站

櫻桃小丸子的兒時回憶，舉行聖誕晚會的社務所、下課後和小玉悄悄話的淡島神社，以及佐佐木爺爺細心照顧的那棵大樹……都是小丸子迷們熟悉的場景。週末晚上和爸爸一起去的居酒屋就在巴川旁，總是維護著巴川整潔的川田先生是不是就在那邊呢？景點詳細資訊請參考 P.110「小丸子生活圈散策」。

新清水站

從 JR 清水站一路往靜岡鐵道新清水站方向，清水站前銀座商店街上舉辦的不是規模最大，卻是非常具道地靜岡味的祭典「清水七夕祭典」。沿途高掛竹飾，都是來自商店街店家、居民、學生的巧思。一邊欣賞竹飾、闔家歡小遊戲，一邊品嘗沿路攤販的 B 級美食，與眾不同的小品夏日祭典，值得一遊。

❶櫻桃小丸子彩繪列車行經巴川鐵橋／❷電車行經巴川，減速進入新清水站／❸新清水站

Kayo日本慢活旅行提案

「靜岡市很棒」(静岡市はいいねぇ)宣傳大使

前往靜岡市，是不是發現城市角落有不少「頂著兩串可愛辮子，貌似櫻桃小丸子」的女孩肖像呢？這是《櫻桃小丸子》作者櫻桃子老師為靜岡市城市宣傳所繪的自畫肖像。

櫻桃小丸子彩繪列車裡也可以看到這可愛圖像，圖畫裡有日本平、久能山東照宮、駿府城公園、三保松原、清水港等靜岡市觀光名勝，並且使用多國語言記述「歡迎蒞臨靜岡市」等標語歡迎外國旅客。搭乘櫻桃小丸子彩繪列車、漫步在靜岡市時，不妨也留意一下靜岡市城市宣傳女孩──櫻桃子老師的自畫肖像吧！

探訪青葉橫丁靜岡煮&塑膠模型　　化身三保松原傳說的天女&搭船遊清水港　　日本平採茶&拜訪久能山東照宮

大井川鐵道

搭蒸汽火車，探訪阿里山森林鐵路的姐妹鐵道

　　大井川鐵道是位於靜岡縣的民營私鐵，因沿著大井川鋪設，故以此命名。最初為了運送建造水壩及發電廠設備而建的鐵路，其後轉用於運輸附近山區所產木材，並發展為民間經營的觀光鐵路。大井川鐵道擁有大井川本線全長 39.5 公里（金谷－千頭），以及另外一條全長 25.5 公里的井川線（千頭－井川）。

顯露歲月痕跡的懷舊車站(照片提供／顏瑞泰)

大井川鐵道
井川線

大井川鐵道
大井川本線

千頭
崎平
抜里
家山
大和田
福用
神尾
門出
台格
日切
代官町
新金谷
金谷
川根溫泉笹間渡
地名
塩郷
下泉
田野口
駿河德山
青部

長島水壩(長島ダム)
奧大井湖上
閑藏
井川
尾盛
接岨峽溫泉
HIRANDA(ひらんだ)
阿布特市代(アプトいちしろ)
奧泉
土本
川根小山
澤間
川根兩國
千頭

✽ SL 蒸汽火車

大井川本線有 SL 蒸汽火車，而除了大井川鐵道外，還有 1986 年與其締結為姐妹鐵路的台灣阿里山森林鐵路，也是使用蒸汽火車的山岳鐵路。大井川鐵道目前是日本唯一超過 300 天以上運行 SL 蒸汽火車的鐵道公司，無論運行日數、行駛公里數、現役蒸汽火車台數等，都是日本第一。

SL 蒸汽火車從新金谷站行駛到千頭站，沿途風景充滿靜岡的原鄉氣息。蒸汽火車穿梭於高低山谷，時而奔馳在鐵橋上、櫻花隧道、紅葉山谷，車外盡是美不勝收的靜岡茶園風光。

搭乘方法

搭乘 JR 電車前往的朋友可在「JR 金谷站」轉搭「大井川鐵道」至「新金谷站」。SL 蒸汽火車只行駛在「新金谷站」與「千頭站」間，需要從大井川鐵道金谷站搭乘普通電車到新金谷站換搭 SL 蒸汽火車。SL 蒸汽火車為全車指定席，乘車日 3 個月前可開始預訂，出發前先上官網預定比較安心。

http daitetsu.jp / @oigawa.railway

❶大井川鐵道著名拍攝景點：世界最短隧道／❷SL蒸氣火車出發前的暖身作業／❸大井川鐵道一般電車車廂內一角

與湯瑪士見面

近年，SL 蒸汽火車在夏季暑假期間限定推出來自英國、在各地風靡一時的動畫《湯瑪士小火車》列車，吸引國內外眾多遊客前往朝聖，一票難求。湯瑪士小火車主要行駛於新金谷與千頭兩站之間，在終點千頭站內還有特別設置湯瑪士廣場跟遊樂空間。

但湯瑪士小火車並非每天行駛，除了必須預約購票外，不接受海外信用卡線上刷卡，僅可在抽票結果公布後 3 天內到日本超商付款，對海外旅客有些不便。建議考慮「搭乘 SL 蒸汽火車到千頭與湯瑪士見面」或許更加有彈性；或在當天出發前到購票櫃檯碰碰運氣，詢問是否還有票，說不定可以後補上臨時退票的空位。

SL蒸氣火車車頭準備進入轉車台

千頭站展示的詹姆士號列車

✿ 沿線美食

新金谷站：懷舊火車便當

大井川鐵道之旅的重頭戲之一，是品嘗大人小孩都喜愛、種類眾多、變化多端的懷舊火車便當。使用靜岡當地特產所製作的大井川火車便當相當有看頭，不接受預訂，可以在新金谷站前的「プラザロコ」(Plaza Loco)、金谷站、千頭站3處購買，數量有限。

使用當地川根綠茶原料蒸過的茶飯、靜岡地產櫻花蝦、山上櫻鱒甘露煮、山間芋頭與野菜煮物配菜，豪華「山之幸」滿滿在懷舊

火車便當裡；湯瑪士小火車的特色兒童餐更是深受小朋友喜愛。有了火車便當這一味，讓大井川鐵道之旅更增添了味覺上的享受。

❶特選幕之內懷舊火車便當／❷湯姆士小火車紀念版火車便當／❸大井川ふるさと弁（大井川故鄉便當）

新金谷站：
鐵道咖啡館限定 SL 拿鐵

SL 蒸汽火車起點站的新金谷站邊附設一處迷你小咖啡館「This is Café」，在靜岡縣內幾處開業，新金谷車站以鐵道咖啡為主題，從新金谷站出發的旅人們在候車時可不能錯過。咖啡館空間不大但典雅迷人，還設置迷你火車模型拍照區，讓大家可以拍得過癮。蒸汽火車汽笛聲隆隆，一邊觀賞外頭熱鬧的景色，安靜的角落卻彷彿時間暫停，沉浸在自己的鐵道世界裡。若是時間還來得及，可以在這邊短暫停留，或是順手帶上一杯 This

is café 新金谷店限定的「SL 拿鐵」，在蒸汽火車中享用吧！

This is Café 新金谷店
✉靜岡縣島田市金谷東2-1112-2(新金谷站內) ⊙週末假日為主，不固定。官方Instagram有公布營業日與時間，可先查詢 http www.this-is-cafe.com/shinkanaya ⊙@this.is.cafe mc 83 856 684*66

SL拿鐵　　　　　　　兒童限定熱可可有可愛拉花

家山站：綠茶鯛魚燒

　　位在島田市川根町大井川鐵道「家山站」附近，藏身於民宅區裡的鯛魚燒店「川根のたいやきや」，讓許多人慕名前來。這裡既賣炒麵，也有靜岡煮，像極了居酒屋！受歡迎的不僅靜岡煮，川根茶鯛魚燒人氣也很旺，曾被刊登在不少日本當地旅遊雜誌上。鯛魚燒裏層的皮有麻糬飽滿的感覺，使用川根茶，淡淡茶香四溢，與紅豆相襯的茶味，甜度剛好不膩口。

川根のたいやきや (kawane no taiyakiya)
✉ 靜岡縣島田市川根町家山668-3　☎ 0547-53-2275　🕐 10:30～15:30　休 週三、四　➡ 大井川鐵道家山站步行約4分鐘　http www.k1foods.net/taiyakiya.html　📷 @kawanenotaiyakiya/　mt 438 069 585*05

❶家山站附近是賞櫻名所，沿大井川畔的櫻花樹(照片提供／顏瑞泰)／❷大井川鐵道家山站(照片提供／顏瑞泰)／❸川根綠茶鯛魚燒

千頭站：川根茶冰淇淋

　　在千頭站候車或是附近散步時，推薦來吃靜岡專屬的川根茶冰淇淋。「川根物産」是販售川根茶的傳統老店，獨創的川根茶冰淇淋不像抹茶冰淇淋的苦澀或甜味，散發出淡淡茶香，不敢吃抹茶冰淇淋的人可以嘗試看看，更推薦喜歡抹茶冰淇淋的朋友一定要嘗鮮。

川根物産
✉ 靜岡縣榛原郡川根本町千頭1216　🕐 08:00～17:00　休 年末跨年假期公休　➡ 大井川鐵道千頭站走路約30秒　mt 438 676 568*68

❶SL蒸汽火車車內瀰漫老火車的古董味／❷千頭站月台／❸千頭站前川根茶冰淇淋／❹SL蒸汽火車準備出發！／❺大井川鐵道一般電車行經川根溫泉站附近鐵橋／❻千頭站轉車台上SL蒸氣火車頭轉向中

❀ 延伸行程

　　大井川鐵道本線行駛至千頭站後可再轉乘井川線 Abt 式特別等級登山小火車，該路線以全日本僅存的齒軌登山火車著名。井川線原本是為了興建水壩所開設的專用鐵道，沿著大井川和水壩湖泊運行，沿途景色壯麗，令人目不暇給，相機快門停不下來，處處是美景。Abt 式登山火車井川線行駛於大井川上游地帶，毋須預約，全車自由席，直接至千頭站購票即可。

奧大井湖上站

　　該車站設置在跨越長島水壩的人造湖——接岨湖上的兩座奧大井彩虹大橋（レインボーブリッジ）中間，是奧大井湖上的祕境車站。從水庫湖中半島凸出的無人車站遠望，像是浮在湖面上，彷若身處不同次元的仙境，增添幾分神祕感。

貼心小提醒

到眺望處後記得預留回程時間

　　下車後沿著鐵軌旁的專屬人行步道走，到隧道前會出現一座高度陡峭的樓梯。上山後再沿著小路，可以前往最佳眺望處，路程雖不遠，但建議回程要搭列車的話，需預留50分鐘～1小時的時間。

❶井川線登山火車沿途風景／❷井川線千頭站月台／❸Abt式登山火車與動力推進車頭進行結合／❹奧大井湖上站也是靜岡縣民認定的戀愛能量景點之一

寸又峽溫泉・夢之吊橋

　　榮獲日本一生必訪景點之一的寸又峽夢之
吊橋，是靜岡楓葉季節的觀光名勝地。從入
口處開始步行 1.2 公里穿過隧道後，有左右
兩邊分岔可以選擇。優美的碧綠湖面與夢之
吊橋相襯，形成一幅絕美畫面。吊橋長約 90
公尺、高 8 公尺，以木板與繩索搭建而成的
夢之吊橋，僅可單向通行。通過吊橋後尚有
304 階陡峭階梯，建議慢慢行走。回到一般道
路後往左側回程會通過飛龍橋。途中可以不
同角度欣賞寸又峽山谷綠意，與夢之吊橋之
美，雖然需要些腳力訓練，但很值得到訪。

📧 靜岡縣榛原郡川根本町　🕐 06:00～天黑前(夏季
18:00，冬季16:00)　➡️ 千頭站搭乘往寸又峽方面的巴
士在「寸又峽溫泉入口」下車後步行約40分鐘　http
yumenotsuribashi-sumatakyo.com 📷 @yumenotsuribashi mt 寸又
峽溫泉停車場777 000 334*31

Kayo 日本慢活旅行提案

建議住宿寸又峽溫泉

　　因火車與公車班次關係，沒有自駕的朋
友若一天內想要來回大井川鐵道SL蒸汽火
車、井川線登山小火車、寸又峽溫泉，實
屬不可能任務。建議可以安排在寸又峽溫
泉住一晚，購買交通2日券，無限次搭乘鐵
道跟巴士。

秋天滿山紅葉的夢之吊橋

❶春夏綠意盎然的夢之吊橋／❷靜岡夢幻奇景夢之吊橋，
一定要鼓起勇氣跨越／❸飛龍橋眺望山谷／❹溫泉街古色
古香店家／❺寸又峽溫泉入口／❻溫泉街途中景色

SHOP&CAFE 晴耕雨讀

從寸又峽溫泉街前往夢之吊橋途中，有一間由古民家改建而成的紀念品店與咖啡店，散發濃濃昭和氣氛的「晴耕雨讀」，販售約數十種的日式傳統仙貝，在靜岡縣內數一數二。以大井川蒸汽火車為設計概念，外表真如黑炭的「石炭米果」是人氣最高的商品。除了有販售當地特色手工藝品與土特產紀念品的店，裡頭還有懷舊古宅咖啡店。

2樓座位觀望寸又峽自然景色，在古民家和室風格咖啡館裡小憩，點上一杯店主現磨與山泉水沖泡的咖啡或紅茶，配上特製乳酪蛋糕，愜意感受森林裡古民家的氣息。

不過，「晴耕雨讀」除了土特產、咖啡廳以外，最近受矚目的還有腳湯跟日歸溫泉。

店主也許亦懷著不與世爭、晴耕雨讀的閒適心情，因此各店營業時間不定、不定休。建議出發前上官網確認營業時間。

靜岡縣榛原郡川根本町千頭316 11:00～天黑(多在週五～週一有營業，詳細時間請上官網確認) 不定休(冬季營業時間限定，請先上官網確認) 千頭站搭乘往寸又峽方面的巴士在「寸又峽溫泉」下車後步行約5分鐘 seikou-udoku2012.com @eikouudoku_cafe 寸又峽溫泉停車場777 000 334*31

SHOP&CAFE 晴耕雨讀

古民家茶 café 山口屋

同樣位居附近，另一家推薦店家是改建150年舊旅館的老宅咖啡廳「古民家 café 山口屋」。進入玄關後，各種和式擺設與散發出濃濃日式古民宅的氣氛相當迷人。也因為寬敞的日式大廣間(日式傳統建築中，可作為接待客人的宴會廳)空間令人感到輕鬆自在，不用拘泥於正座盤腿也無妨。主打和式甜品以

外，還有提供蕎麥麵等簡單餐點，店主熱情推薦的味噌五平餅也風味動人。

古民家茶 café 山口屋 (古民家お茶カフェ 山口屋)
靜岡縣榛原郡川根本町千頭340-3 10:00～17:00 不定休 千頭站搭乘往寸又峽方面的巴士在「寸又峽溫泉」下車後步行約5分鐘 912 029 533*18

❶店家招牌五平餅／❷蕎麥麵套餐／❸日式古民家的老宅裝潢，榻榻米地板，和風古味四溢／❹擁有150年建築歷史的古民家茶café 山口屋

天龍濱名湖鐵道

使用票券
天濱線·遠州鐵道
共通 1 日自由乘車券

欣賞純樸的鄉間風景，前往濱名湖一帶觀光勝地

行經靜岡縣掛川市，從掛川站經由濱松市的天龍二俣站，開往湖西市新所原站，天龍濱名湖線由天龍濱名湖鐵道營運，簡稱天濱線。由東海道本線掛川站分歧北向環繞濱名湖北岸，再與東海道本線合流，全線單線、沒有電氣化，在載客量不高情況下，仍努力維持每小時 1～3 班列車行駛。

掛川市城下町與 JR 東海道衝接，通勤時段是來來往往的上班族與學生喧鬧，越往郊區方向前進，窗外開始出現不同的風景。眺望遠方山頭、稻田與茶園交錯，安靜閒適，異鄉遊子突然的鄉愁、到訪旅客的非日常體驗，天濱線的原風景有各種感情。

❶天濱線鐵路風景 (照片提供／蔡承熹)
／❷沿途窗外景色 (照片提供／蔡承熹)

天龍濱名湖鐵道

🌸 沿線景點

天龍二俣站：
轉車台＆鐵道歷史館見學

　　早期國鐵二俣時代使用蒸汽火車運輸，蒸汽火車只能前進行駛，因而需要轉車台輔助轉向。普遍使用柴油機車傳動後，轉車台漸漸消失。昭和15年(1940年)建造，天濱線車輛基地天龍二俣站內的轉車台仍然繼續作業中，想要更了解天濱線的鐵道迷可以參加轉車台＆鐵道歷史館的見學。

　　舊鐵道員休息室、大澡堂、珍藏舊零件與用具的鐵道歷史館、轉車台與扇形車庫在日本國內被視為是貴重的鐵道歷史遺產。木造的老車站顯現走過歲月的歷史痕跡，與窗外沿路鄉間風景互相襯托，道盡鐵路風情，就像進了時光膠囊裡，時間停留在當時的一刻。

🕐平日13:50，週末假日10:50、13:50 💲成人350圓、小學生100圓 💬使用日語解說，無中文說明，但有繁體中文DM 📷@tenhama_official 🅼天龍二俣站停車場26 683 684*54

❶天龍二俣站／❷與遠州鐵道銜接的西鹿島站／❸轉車台＆扇形車庫／❹小型鐵道歷史館／❺天龍濱名湖鐵道車輛區

遠江一宮站：小國神社

位在靜岡森町的小國神社，是祭祀大國主命的延喜式內的古社，為遠江（現：靜岡縣西部）首屈一指的神社。作為姻緣和錢運之神，自古被當地人祭祀崇拜，這裡也是靜岡人選擇舉辦和式婚禮的熱門地方。院內每一個角落都是一場美景，落葉之美，小橋流水。每年11月中下旬起，紅葉季節更是吸引許多觀光客朝聖。

✉ 靜岡縣周智郡森町一宮3956-1 ➡ 天龍濱名湖鐵道遠江一宮站下車，從遠江一宮站至小國神社的接駁車班次會因應時期而改變，需要先確認。接駁車運行日為每月1日、15日、週日、國定假日；日本新年假期1/1～1/6停駛、1/7～1/15每天運行，可上官網確認接駁車運行時間 http www.okunijinja.or.jp MC 169 633 189*81

❶宗像社&事待池／❷拜殿／❸小國神社鳥居／❹境內／❺宮川河畔

順遊行程
靜岡西部
高人氣景點

濱名湖附近溫泉街的北側,有一座名為館山寺的曹洞宗寺院,這一帶也因此命名為館山寺溫泉。濱名湖館山寺地區集結了館山寺溫泉、鰻魚美食與纜車等觀光要素,風光明媚。說到靜岡西部濱松一帶熱門觀光景點,便是人氣度最高的濱名湖周邊。館山寺纜車居高臨下眺望濱名湖景色,與天龍濱名湖鐵道結合;或是參拜以除厄開運聞名的法多山尊永寺,都是推薦的西部觀光名勝地。

館山寺纜車
（かんざんじロープウェイ）

日本唯一橫渡湖面的纜車

館山寺纜車距離湖面最高處60公尺,透過360度全景天窗,可飽覽日本中區最大湖泊濱名湖風景。從館山寺站前往大草山展望台約4分鐘,濱名湖八景中第一景的大草山展望台可觀看濱名湖全景,眺望遠州灘。

✉ 靜岡縣濱松市西區館山寺町1891 🕐09:00～17:00,纜車每10分鐘一班,根據月分不同從各站的出發時刻會有差異 💲成人840圓,3歲以上兒童420圓 ➡JR東海道濱松站搭乘遠鐵巴士往館山寺溫泉方向,在「濱名湖PALU PALU站」下車 http www.kanzanji-ropeway.jp 📱43 359 280*27

❶大草山展望台瞭望濱名湖風景／❷館山寺纜車／❸搭乘纜車時風景

鰻魚食事處 濱乃木
（うなぎ食事処　浜乃木）

香噴噴的鰻魚飯佐濱名湖美景

　　濱松的地理位置剛好就位於東京跟大阪的正中間，鰻魚飯也融合了關東及關西風格的吃法。湖畔美景中享受濱名湖的特產「鰻魚飯」，真的是人生一大美好！

　　正好面對濱名湖內浦灣的濱乃木，店家在2樓，毫無屏障的大窗戶可以遠眺往返濱名湖與大草山觀景台的館山寺纜車。濱名湖的遊覽船乘船處就在附近，濱乃木擁有非常好的視角觀看濱名湖。

　　重頭戲是吸引人的鰻魚料理，大分量的「木桶盒裝鰻魚飯」，適合多人共同分享；或可以選擇小分量木桶盒裝鰻魚飯，鰻魚料理與木桶的香氣四溢，率性嶄露了這道嗅覺與味覺兼具的優質鰻魚料理。另外也有其他不同吃法、量小精緻的定食可以選擇：蓋飯加泡飯、鰻魚蒸籠、鹽燒鰻魚，依照個人喜好不同的口味，讓鰻魚料理不再僅是蒲燒的既定印象。

✉靜岡縣濱松市西區館山寺町2221-1 🕐11:00～16:00 休週二 ➡JR濱松站搭乘遠鐵巴士往館山寺溫泉方向，在「館山寺溫泉」（かんざんじ温泉バ）下車後步行約5分鐘 http www.hamanoki.com ⅢＣ43 358 628*37

①濱名湖遊覽船／②濱乃木門口／③蒲燒&素烤鰻魚套餐（鰻白燒膳）／④可品嘗3種風味的鰻魚料理（鰻ひつまぶし）

貼心小提醒

靜岡西部行程安排注意事項

　　靜岡西部因為觀光景點較分散，自駕移動會比較輕鬆，搭乘大眾交通工具會稍微費時，建議考慮搭計程車作為中途轉接點接駁，可以減少許多腳程跟時間。先出發至濱名湖再前往天龍濱名湖鐵道的話，可以搭乘計程車到「西氣賀」站，之後沿天濱線鐵路觀光至「掛川」站，再轉搭JR東海道本線或是新幹線。

法多山 尊永寺

具有千年歷史的熱門參拜勝地

「遠州三山名寺」龍潭寺、油山寺、尊永寺之一的法多山尊永寺是國家重要文化財，擁有 1,200 年以上歷史的古剎寺院，更是每年過年靜岡人新年參拜 (初詣) 的熱門景點。

從停車場往境內移動，門前町兩側有一些餐廳與販賣伴手禮之處。法多山入口的國家指定重要文化財「仁王門」，是桃山時代樣式建築，據說是江戶時代初期建造的樓門。進入法多山境內，穿越石燈籠與杉木林道、石階參拜步道莊嚴神聖，境內也種植許多櫻花樹與楓樹。櫻花盛開的春天與楓紅季節都是另外一番風景。

法多山尊永寺供奉觀音菩薩，以消災聞名受當地人信仰。參拜後順道路往下，一定要到團子茶屋嘗嘗法多山名物「消災解厄麻糬」(厄除け団子)。在德川幕府第 13 代將軍時代，由當時法多山門前寺侍構想，被選為進奉的伴手禮，得到德川將軍命名因而知名度

高漲。維持江戶時代傳統味道超過 150 年的歷史，現在也受到大家歡迎。

外表沾滿紅豆，5 串並聯是消災解厄麻糬最大特色，代表頭、頸、身體、手、腳之意，吃麻糬去除厄運，保五體平安，好運跟著來。參拜完後在茶屋小憩，在店內享用美味的麻糬，搭配可續杯的袋井茶，正是參拜法多山尊永寺的圓滿行程。

法多山 尊永寺
✉ 靜岡縣袋井市豐澤2777　📞 0538-43-3601　http www.hattasan.or.jp　📷 @hattasan_soneiji　🗺 169 252 139*58
團子茶屋 (だんご茶屋)
📞 0538-42-478　🕐 08:00～16:30　http www.hattasan-dango.com

❶尊永寺境內古色古香的建築「本坊」／❷法多山本堂／❸販賣麻糬的團子茶屋／❹使用袋井產抹茶獨創的團子茶屋夏季限定剉冰／❺消災解厄麻糬

特別收錄
用伊豆多利夢
乘車券趴趴走

　　富士山的雄偉之美，不論是在陸地上或海面都呈現不同面貌。在靜岡的陸、海兩處都可以看到美麗的富士山，實屬靜岡旅行最大的享受。

　　伊豆半島突出太平洋，三面環海，火山地質造就知名溫泉鄉；經歷幕府太平盛世，黑船抵達下田，在歷史上迎接新時代之轉型變化；大文豪川端康成《伊豆的舞孃》之舞台、夏目漱石流連忘返的修善寺溫泉；風光明媚、山海景色裡蘊含豐富歷史人文，讓伊豆增添更多優雅的柔性美。

伊豆多利夢乘車券玩樂範圍地圖

三島站
伊豆箱根鐵道
修善寺溫泉
伊豆長岡站
伊豆箱根巴士
清水港
虹之鄉
修善寺站
伊東站
土肥溫泉
JR靜岡站
土肥港
駿河灣渡輪
淨蓮之瀧
伊豆高原站
戀人岬
天城峠
駿
堂島
河津七瀧
伊豆急行線
河
松崎
河津站
灣
東海巴士
伊豆急下田站

✿ 伊豆多利夢乘車券一券在手，出發！

關於伊豆多利夢乘車券簡介與使用規則，請參考「靜岡交通與票券攻略」P.57。

駿河灣渡輪
（エスパルスドリームフェリー）
搭乘渡輪遊走靜岡 223 號海上公路

適用路線：黃金路、山葵路、富士見路

駿河灣渡輪客艙內

伊豆多利夢乘車券玩透透第一特色，就是3種路線，都可以使用行駛於「世界最美麗海灣組織」會員之一駿河灣的駿河灣渡輪。搭乘駿河灣渡輪出發僅需 65 分鐘，即可往返靜岡市清水港與西伊豆土肥港，從船上可飽覽沿海岸線至富士山山頂的雄偉風景，也可在豪華客艙內享受舒適的駿河灣巡航旅程。

豆 知 識

223號縣道的由來

223號縣道是連結清水與伊豆的駿河灣海上公路，音似富士山日文讀法而命名2(fu)2(ji)3(san)縣道，正式名稱為「縣道223號清水港土肥線」。

可搭載 400 名以上旅客、大型巴士與一般乘用車的駿河灣渡輪，每天 4 個航班往返清水與土肥，室內販賣部提供渡輪限定伴手禮，可從渡輪上寄出明信片。從甲板上眺望富士山與 223 海上公路標誌，享用船上 223 號縣道標誌造型的特製大判燒、章魚燒、烤魚等，欣賞海上絕景，更是享受。

2 樓的特別客艙 (Ocean Room) 只要一般票價再加 500 日圓即可升等，有附 1 杯熱咖啡及 1 份小點心，還有 Wi-Fi 可使用，在這邊視線更好，可悠閒享受奢華的船旅時光。

即便租車自駕，沒有使用伊豆多利夢乘車券，也很推薦把車開上駿河灣渡輪。一般乘用車的運送費用包含司機船票。伊豆多利夢乘車券的駿河灣渡輪使用僅限單程，回程如想使用渡輪，可享半價優惠購票。若沒有使用乘車券，一般購票搭乘的 9 折回程優惠，要在出發乘船後的 5 天內用完。不定期的優

惠活動需要查詢官網比較準確。另外，因為天候、風速海浪狀況可能有停駛狀況，每天早上在官網上都會更新船班狀況，可以先確認再出門比較安心。

若沒有預約，也可以直接到駿河灣渡輪乘船處「清水 Marine Terminal」購票搭乘。

靜岡縣靜岡市清水區日出町 10-80 Marine Terminal　JR 清水站至乘船處免費接駁巴士，時刻表：www.223-ferry. or.jp/access.html　www.223-ferry.or.jp　@223_ferry　清水港乘船處800 300 600*26、土肥乘船處248 844 292*81　MAP P.192

❶223 縣道紀念貼紙／❷加價 500 日圓即可升等至特別客艙／❸駿河灣渡輪清水港後減速準備停靠／❹縣道 223 號大判燒／❺特別客艙 Ocean Room 的內裝很有質感／❻駿河灣渡輪與富士合影／❼渡輪內明信片郵筒

土肥溫泉
西伊豆古老黃金重鎮

適用路線：**黃金路、山葵路、富士見路**

西伊豆最古老的溫泉——土肥溫泉，不但是西伊豆一帶具規模的溫泉鄉，溫泉街離駿河灣渡輪停靠港口不遠，沒有駕車、從靜岡市利用渡輪往來土肥溫泉，進行放鬆心情 1

日遊的人也不少。江戶時代土肥金山採金礦時湧出了伊豆溫泉，風光一時，是伊豆當時最大的金山。在土肥金山黃金館中，展示了獲世界紀錄的「世界最大金磚」、復刻舊時礦道、淘金體驗。來到土肥溫泉鄉，也彷彿進入時光膠囊，體會以往的金礦風光。

土肥金山黃金館
✉️ 靜岡縣伊豆市土肥2726　📞0558-98-0800　🕘09:00～17:00
➡️土肥港徒步15 分鐘，或搭乘巴士在「土肥溫泉」下車
🌐www.toikinzan.com　📷@toikinzan　Ⓜ️248 845 525＊31　🗺️P.192

世界最大花鐘（世界一の花時計）
榮獲金氏紀錄

適用路線：**黃金路、山葵路、富士見路**

土肥海水浴場旁的松園公園裡，有另一項土肥的世界之最。直徑 31 公尺、獲得金氏紀錄的世界最大花鐘，約 5,000 株花草圍繞，時針長 8.8 公尺、分針長 12.5 公尺、秒針長 10.8 公尺。在 08:00 ～ 19:00 之間，整點會播放音樂。花鐘旁設計傳統石頭步道，據說是希望民眾邊散步時，藉由石頭步道促進血液循環。在土肥，無論是泡溫泉或走步道，都

世界最大花鐘

能增進身體健康，這樣的本意不禁令人莞爾一笑。

✉️ 靜岡縣伊豆市土肥2657-6　➡️從土肥港搭乘往「修善寺駅」方向巴士在「土肥溫泉」下車　🌐kanko.city.izu.shizuoka.jp/form1.html?c1=5&pid=2526　Ⓜ️248 845 787＊84

土肥溫泉噴泉紀念碑

戀人岬 (恋人岬)

西伊豆岩岸邊際的天涯海角

適用路線：黃金路

西伊豆浪漫景點戀人岬，約700公尺的遊步道綿延到山岬，沿岸時而漫步綠蔭樹下，時而看到駿河灣海邊，風景如畫。傳說中情侶在此鳴鐘，確認彼此愛意，充滿浪漫情懷；天氣晴朗時可以從戀人岬金之鐘展望台上遠眺富士山，其莊嚴祥和更是令人感動。

號稱每年約25萬人拜訪的戀人岬，另一項引人注目的焦點是發行「戀人宣言證明書」已經超過20年了。情侶一同前往戀人岬事務局填寫並申請「戀人宣言證明書」(恋人宣言届け出用紙)，等到兩人確定結婚時，用明信片或傳真通知事務局，就可以得到事務局的

戀人岬

貼心小提醒　注意戀人岬遊憩時間

戀人岬步道沿途沒有設置照明，傍晚會拉繩禁止進入，不宜逗留到太晚。想要欣賞西伊豆美麗夕陽可以往堂之島或是黃金崎一帶比較適合。

祝賀電話或結婚紀念品喔！戀人宣言證明書申請時間到17:00，有意前往的戀人們，請留意時間。

✉靜岡縣伊豆市小下田3135-7 🚌搭巴士在「戀人岬」下車，步行約15分鐘 ⅿ248 691 630*15 🗺P.192

堂島洞穴峭壁

堂島天窗洞

堂島 Marin 遊覽船 (堂ヶ島マリン)

✉靜岡縣茂賀郡西伊豆町仁科2060 🕐08:15〜16:30 🚌搭乘公車自修善寺站出發往松崎方向，車程約1小時30分鐘；從伊豆急下田站出發往堂島方向，約1小時；從土肥港出發車程約30分鐘，在「堂島」下車。 🌐www.izudougasima-yuransen.com 📷@dogashima.marine ⅿ遊覽船乘船處248 392 373*42 🗺P.192

堂島天窗洞 (堂ヶ島天窓洞)

經火山熔岩流侵蝕後的神祕奇景

適用路線：黃金路

沿堂島海岸線一帶，可以欣賞火山熔岩被海水侵蝕後形成的洞穴峭壁，夕陽西下時也是許多遊客觀賞落日的人氣景點。西伊豆代表的沉降式海岸奇景以「天窗洞」與「三四郎島」最為出名。搭乘堂島 Marin 遊覽船可以用不同角度更近距離接觸這些具代表性的景觀。

被指定為天然紀念物的「天窗洞」，是大家口中神祕洞窟探險之處，陽光從洞窟頂部灑落時映照成翡翠色，閃耀光輝，充滿神祕感。搭乘遊覽船或等海水退潮時可以徒步至「三四郎島」。三四郎島「連島沙洲現象」是因海水分離的陸地與島嶼，在海水退潮時露出的分海步道。陸地與島嶼兩邊相連，擁有恰似摩西分海之美景。

❶佩里之路川畔垂柳，顯露浪漫與閒適之意／❷下田公園紫陽花盛開時

伊豆下田
黑船來航，開國歷史轉捩

適用路線：**黃金路**

　　下田市位於日本伊豆半島的東南端，幕末時期，1853 年美國東印度艦隊司令馬修‧佩里率領艦隊迎向江戶灣。隔年簽訂條約，為日本開國通商，打開對外交流新的一頁。歷史課本上的記載僅此為止，不過若想感受日本開國舞台的時光變遷、更深刻的風光，親自走一趟也許會有不同的體會。

　　佩里艦隊來航紀念碑 (ペリー艦隊来航記念碑) 設置在面對下田港的「佩里登陸紀念公園」(ペリー上陸記念公園) 內，旁邊的小高丘是下田公園。多達 15 萬株的紫陽花遍布山丘，數量是日本第一，每年 6 月梅雨季節吸引大批遊客前往觀賞紫陽花盛開絕景。

　　從下田公園裡的賞花小徑可以轉往佩里之路 (ペリーロード)，平滑川畔垂柳浪漫，兩側石板小路旁是石造洋房與古民家小店，時而可見白色海參牆壁建築，復古氛圍，充滿情調。當時佩里提督率領 300 名美國大將走過這裡，到了仙寺停留。

因下田條約的簽訂，之後交涉場所轉移下田了仙寺，目前了仙寺被指定為國家史跡，境內種植許多美國茉莉花，在每年5月中下旬賞花季(香りの花まつり)時，吸引不少遊客前往「聞香」，也被稱為「茉莉寺」。

從了仙寺往伊豆急下田站的街道上，也有不少白色菱狀格的海參牆壁建築，還有多處神社、寺廟，寶福寺就在附近。幕末維新志士坂本龍馬極力脫藩，致力於日本近代化改革，勝海舟賞識坂本龍馬，便在寶福寺的酒席中，向當代土佐藩主請求赦免坂本龍馬的脫藩之罪，被視為日本史上重大決定的一刻。當時舉辦酒席的房間被保留下來，這裡也有許多龍馬相關展示，寶福寺更被稱作是「坂本龍馬飛翔之地」。

佩里登陸紀念公園 (ペリー上陸記念公園)
✉ 靜岡縣下田市3-6 ➡ 伊豆急下田站徒步20分鐘 mt 248 023 146*24

了仙寺
✉ 靜岡縣下田市3-12-12 🕐08:30〜17:00 💲MoBS黑船博物館成人,500圓、兒童250圓 ➡伊豆急下田站徒步10分鐘 http ryosenji.net ◎@kurofuneryosenji mt 248 023 221*22

寶福寺 (宝福寺)
✉ 靜岡縣下田市1-18-26 🕐08:00〜17:00 💲成人400圓、高中生200圓、小學生以下免費 ➡伊豆急下田站徒步5分鐘 http www.i-younet.ne.jp/~hofukuji/home.html mt 248 023 675*27

❶坂本龍馬飛翔之地——寶福寺／❷下田市街道海參壁建築／❸白色菱狀格海參壁建築／❹了仙寺美國茉莉花開時／❺佩里艦隊來航紀念碑附近

Kayo日本慢活旅行提案

推薦順遊「白濱海岸」

碧藍的天空、白沙海灘、翡翠綠大海交織而成的對比，是下田另一項迷人之處。700公尺廣大沙灘，獲選「日本快水浴場百選」，包含「白濱中央海水浴場」與「白濱大濱海水浴場」的白濱海岸是伊豆最大的海灘。雖然不在多利夢乘車券的無限乘坐範圍內，但想要一覽伊豆白沙海灘美景的話，推薦前往距離伊豆急下田站僅10分鐘車程的白濱海岸。

mt 248 087 578*85

白濱海岸

西伊豆夕陽

西伊豆町醉人美景

適用路線：黃金路

以黃金崎與堂島等地方著名的西伊豆，被許多人稱作是欣賞「日本第一夕陽美景」之處。特別是日暮時刻後的落日餘暉，更被形容是「神祕幻象時光」(マジックアワー)。西伊豆因沒有電車行駛，僅能搭乘公車，而容易成為匆匆路過之處，若是安排在西伊豆住上一晚或是自駕，則較能悠閒欣賞夕陽。映成琥珀色的天際、浪花拍打上岸的景色，令人陶醉不已。

賞夕陽名所

西伊豆的黃金崎、大田子海岸、堂島、三四郎島、澤田公園、仁科漁港都是知名欣賞夕陽之處。

西伊豆町乘濱海岸附近夕陽

河津

惹人憐愛的河津櫻粉嫩綻放

適用路線：黃金路、山葵路

早開的河津櫻花季約在 2 月上旬～ 3 月左右，河津川畔約 800 棵櫻花樹相繼盛開，櫻花枝頭被渲染得繽紛燦爛，日本各地還在寒冬之中，全日本最早盛開的河津櫻為大家捎來早春的消息。「河津櫻花祭」(河津桜まつり)也有夜櫻點燈，白天黑夜都可以欣賞河津櫻。此外，櫻花季節正巧是油菜籽花開之時，河津川畔的黃色花叢讓粉嫩的河津櫻花色更加動人。

河津櫻花祭
➡ 從東京前往河津站直達的特急舞孃號約2小時40分鐘；新幹線或是JR電車在熱海站轉搭JR伊東線與伊豆急行線在河津站下車 http kawazuzakura.jp MT 248 299 612*86(河津櫻觀光交流館附近有付費停車場)

河津川畔櫻花盛開

伊豆高原

和洋融合新氛圍，高原度假旅遊

適用路線：**黃金路、山葵路**

伊豆高原位在伊東市，並非行政區名，因發展為別墅與觀光度假區，以伊豆急行線「伊豆高原站」一帶為中心，除了可以前往象徵伊東的大室山、城之崎海岸等自然景觀觀光以外，也有許多新奇的美術館、博物館在附近，很值得一遊。

如布丁狀覆蓋在伊東大地的大室山是「國家指定天然紀念物」，被列為伊東八景之一，標高580公尺，目前是休眠火山。為避免建造大型登山纜車破壞最原始的樣貌，使用多數滑雪場採用的吊椅式纜車。沿著缽型的火山口環繞大室山山頂一圈，約1公里左右，可以看到伊東市街、相模灣伊豆七島、富士山，360度全範圍欣賞自然景觀。

4,000年前伊豆東部火山群噴發時，不僅形成大室山，熔岩流入海中冷卻後造就了城之崎海岸斷崖峭壁的奇景。同為伊東八景之一的城之崎海岸，所見之處柱狀岩石矗立，可說是大自然贈與的藝術品。坐落在兩處大岩石間的門脇吊橋長48公尺、高23公尺，通過時可一邊欣賞海岸線奇景，拍打岸邊的海浪聲此起彼落，行走在吊橋間更多了分刺激感。

大室山登山吊椅 (大室山登山リフト)
📧 靜岡縣伊東市富戶1317-5 🕐09:00～17:15(因季節變動，請上官網確認) 💲纜車：成人700圓、兒童350圓 ➡️搭乘東海巴士在「仙人掌公園」(シャボテン公園)下車
🔗 omuroyama.com 📷 @omuroyama Ⓜ 488 551 479*12

城之崎海岸 (城ヶ崎海岸)
📧 靜岡縣伊東市富戶 ➡️伊豆急行線「城之崎海岸站」(城ヶ崎海岸駅)下車後步行約35分鐘 Ⓜ 488 497 455*28

❶大室山登山吊椅乘坐處／❷大室山山頂／❸❹吊椅式纜車／❺城之崎海岸／❻門脇燈塔／❼城之崎海岸／❽城之崎海岸門脇吊橋

伊東溫泉

豐富湧泉量當屬本州第一

適用路線：黃金路、山葵路

　　JR東日本鐵道最南站與伊豆急行線最北的銜接處，從伊東站下車後，車站前沿海岸線邊國道一側，就有不少溫泉旅館或飯店。伊東溫泉的泉源數超過750處，繼別府溫泉、由布院溫泉之後，以豐富的溫泉湧量引以為豪，是本州第一。據說在平安時代或者更早前就被發現，更曾供奉江戶時代德川幕府第三代將軍德川家光。後來在醫學近代化後，提倡溫泉療法，對身體有良好療效的「湯治」處也受到矚目。

　　伊東站前的商店街與居酒屋、餐飲小店仍保有溫泉街的娛樂場所，這裡散發閒逸優雅氣息，與熱海溫泉擁有不同風格感受。步行約10分鐘可看到流經伊東市的松川，散步在松川遊步道，兩側垂柳搖曳，一棟造型獨特且醒目的建築物映入眼簾。

　　1928年以溫泉旅館開業，保留昭和初期建築樣式，造型奇特的木造溫泉旅館「東海館」至今完好保存。館內無論是走廊、樓梯，處處可見工匠職人的獨樹一格的美感。溫泉旅館停業後，目前是伊東代表的觀光與文化設施，週末與國定假日仍有提供日歸溫泉的泡湯服務。在1樓的和風喫茶café裡點上一杯伊東當地咖啡館自家烘焙的咖啡，搭配和風甜點，依靠在窗邊的位子上，望著外頭松川景色，感受伊東的另一種獨特的愜意氛圍。

東海館

✉靜岡縣伊東市東松原12-10 ⓒ參觀09:00～21:00，café10:00～17:00(最後點餐16:30)，日歸溫泉(週末與國定假日)11:00～19:00 休元旦、每月第三個週二(若遇國定假日則改隔日休) $參觀成人200圓、兒童100圓，日歸溫泉成人500圓、兒童300圓 ⁉日歸溫泉是男女湯分開，以時間交替分別使用大浴場、小浴場 ➡伊豆急行線「伊東站」下車後步行約10分鐘 http東海館itospa.com/spot/detail_52002.html、日歸溫泉itospa.com/spot/detail_52002.html、日歸溫泉itospa.com/spa/detail 54227.html ⛢116 207 180*60

❶東海館外觀／❷伊豆急行線2100系黑船電車／❸東海館獨特的外觀非常吸睛／❹❺和風喫茶café

河津七瀧

傾訴伊豆舞孃青澀浪漫

適用路線：山葵路

川端康成榮獲諾貝爾文學獎的著作《伊豆之舞孃》以河津為故事舞台背景，描述高中生與舞孃間的青澀戀慕之情，曾多次搬上大銀幕。河津七瀧「初景瀑布」前的高中生與舞孃的青銅色雕像，將曖昧情節表現得栩栩如生，散步在此享受大自然，也令人情不自禁的聯想故事情節，彷彿就眼前。

河津七瀧 (河津七滝)
▶ 從河津站搭乘巴士或是計程車至「河津七滝溫泉」
http www.nanadaru.com MC 248 472 072*40 MAP P.192

修善寺溫泉

千年歷史古湯

適用路線：富士見路

在伊豆箱根鐵道修善寺站下車後，尚須搭乘約 10 分鐘車程的車才會抵達溫泉街。進入修善寺溫泉街附近時車道開始變窄，步行進桂川流經的修善寺溫泉街裡，古色古香的茶屋、商店街小店、修善寺，沿途溫泉旅館林立，像是宮崎駿動畫裡描繪的復古街道一景。

修善寺溫泉與伊豆山溫泉、伊豆長岡溫泉並列伊豆三大古湯，是開湯以來已有 1,200 年歷史的千年古湯。起源自 807 年弘海大師在此創建修善寺，他在桂川畔看到少年為患病的父親淨身深受感動，便用佛器——獨鈷杵敲打岩石，泉源湧出可治病的溫泉靈湯，造就了修善寺溫泉。作為修善寺溫泉起源之地的獨鈷之湯，現在開放作為免費利用的足湯，療癒拜訪修善寺溫泉的旅人。

修善寺溫泉起源「獨鈷之湯」

修善寺溫泉

①夏季綠意盎然的修善寺本堂周邊／②修善寺山門／③朱紅色的桂橋，有求子或小孩健康成長的靈驗一說／④沿修善寺溫泉街中心蜿蜒而行的桂川／⑤⑥竹林小徑充滿神秘感，更獲米其林旅遊指南2星榮譽

鎌倉幕府將軍源賴朝之子被放逐至此暗殺之時，其母北條政子建造指月殿為子祈福。明治時代更因夏目漱石的療養地而廣為人知，小說家芥川龍之介、劇作家岡本綺堂、小說家川端康成等眾多知名以修善寺溫泉為主題的文學創作誕生。歷史悠久的修善寺溫泉，不僅是近代許多文人愛不釋手的溫泉鄉題材，也是現代當紅日劇的拍攝取景地，說明修善寺溫泉的古典美十分迷人。

漫步竹林小徑中綠意盎然，四溢清爽的空氣，楓紅季節外的修善寺溫泉，其靜謐與翠綠讓人心曠神怡。陽光從竹葉隙縫間灑落、穿越竹林的石板小徑、桂川的潺潺流水、朱紅色的桂橋，川畔木造古色古香的日式旅館……構成了獨特的修善寺溫泉古都景色。

伊豆箱根鐵道修善寺站搭乘公車往修善寺溫泉場方向，在「修善寺溫泉」下車 www.shuzenji-kankou.com @izu_shuzenjionsen 116 186 050*03(獨鈷之湯) MAP P.192

豆 知 識

修善寺季節物語

修善寺溫泉四季各有不同意境。11月中旬左右，秋天赤紅楓葉染紅修善寺境內角落，楓紅下桂川畔，紅葉季節湧進大批賞楓旅客，附近的「修善寺虹之鄉」也是人氣賞楓景點。2月中旬左右梅花盛開，「修善寺梅林」超過20種梅樹紅白點綴，形成一片梅花花海。

韮山反射爐（韮山反射炉）
見證日本近代史兵工業先驅

適用路線：**富士見路**

結合源氏山西側的長岡溫泉與東側的古奈溫泉，現在合併稱為伊豆長岡溫泉。古奈溫泉在史書「吾妻鏡」上可見其名，鎌倉幕府大將軍源賴朝也曾造訪。西側的長岡溫泉在明治時期探勘開業，後來得到快速發展，是比較新的溫泉。

在伊豆箱根鐵道伊豆長岡站下車後，隔著狩野川有許多溫泉旅館，這一帶溫泉街因為環繞的山勢較低，有些溫泉旅館能直接眺望富士山。除了享受溫泉以外，在2015年以「明治日本產業革命遺產」正式登錄為「世界文化遺產」的韮山反射爐就在附近。

19世紀中葉，佩里艦隊的黑船來航後，江戶幕府深切感受近代化的重要與捍衛國防，選在離當時江戶(東京)不遠的韮山，建造可以鑄造兵器大砲的反射爐。韮山反射爐的爐身與煙囪至今保存完善，也是目前日本唯一留存的反射爐。走過日本鎖國開國歷史、明治維新後轉為史蹟，被認定是「近代化產業遺產」，在正式登錄世界遺產後更受到矚目。

✉ 靜岡縣伊豆之國市中字鳴瀧入268 附近 🕐 4～9月09:00～17:00，10～3月19:00～16:30 💲 成人500圓、學生／兒童50圓 🈺 每月第三個週三(若遇國定假日則改隔日休) ➡ 伊豆箱根鐵道「伊豆長岡站」下車後，搭計程車約7分鐘或自駕。週末有付費巡迴巴士可以搭乘 🌐 www.city.izunokuni.shizuoka.jp/bunka_bunkazai/manabi/bunkazai/hansyaro 🅼 116 430 324*48

❶韮山反射爐／❷韮山反射爐建造者江川英龍的雕像／❸伊豆多利夢乘車券富士見路線2日券

Kayo日本慢活旅行提案

伊豆長岡站景點順遊

在伊豆長岡附近來一趟闔家歡親子旅遊，也可以參考以下兩個景點。

伊豆PANORAMA全景公園(伊豆パノラマパーク)，搭纜車到標高452公尺的葛城山頂泡足湯，眺望富士山；另外還有駿河灣邊際處的三津海洋公園，是日本國內養育海豚很有經驗的海洋公園，除了可從海洋公園內看到富士山，直接在內灣海邊進行的海豚表演秀也是重頭戲之一。

三津海洋公園

駿河灣內灣海邊

海豚秀演出

旅遊小錦囊

🌸 關於靜岡

位置

靜岡縣 (日語：静岡／しずおか／ Shizuoka) 位於本州中部太平洋沿岸的東海地方，南面太平洋，從東部伊豆半島

到西部濱名湖，東西寬廣約 155 公里。縣廳位於靜岡市，濱松市與靜岡市為政令指定都市。靜岡縣內有 23 市 12 町，在日本 (1 都 2 府 43 縣) 中面積排名第 13 名，人口數排名第 10 名。

南北 118 公里，腹地寬闊。沿遠州攤、駿河灣、相模灘，南側海岸線約長 500 公里，北側北部富士山與南阿爾卑斯山脈聳立，天龍川、大井川、富士川等源自山部地區的河川縱斷縣土，注入海岸的河口一帶，形成肥沃土地。

交通

從東京或名古屋搭乘新幹線「HIKARI 號」只需 1 小時，從大阪出發約 2 小時可達。自古以來，位於「東海道」交通要衝的位置上，新幹線、JR 東海、東名高速公路、新東名高速公路等鐵路公路貫穿，靜岡東西，交通便捷。從外縣市前往靜岡時，搭乘新幹線或是高速公路巴士都很方便。

氣候

月平均溫度約 16.5℃，夏季最炎熱的是 8 月，平均溫度約 26 ～ 27℃；最寒冷的是 1 月，平均溫度約 6 ～ 7℃，除了北部山岳地帶以外，屬溫暖的海洋性氣候。冬天稍微乾燥、晴天較多，平地也少見下雪。春天賞櫻，夏季登富士山或海水浴，秋天賞楓踏青，冬天可泡溫泉，春、夏、秋、冬四季分明，前往靜岡旅遊，不同季節都有不同情趣。

日本與靜岡相對位置圖

- 札幌
- 日本海
- 仙台
- 廣島 · 大阪 · 京都 · 東京
- 博多
- 靜岡縣
- 太平洋

🎓 豆　知　識

靜岡有幾個新幹線車站呢？

靜岡的新幹線車站數僅次於岩手、新潟縣，由東至西，分別是熱海、三島、新富士、靜岡、掛川、濱松，總共多達6個車站！方便利用Japan Rail Pass或是長途移動的訪日旅客。

✿ 旅遊資訊

營業時間

一般店鋪營業結束時間較早，靜岡市區百貨公司與商場約在 19:30 ～ 20:00 左右結束營業；因應各店鋪不同，超市與藥妝店可能營業至 21:00。居酒屋、拉麵店、餐廳較晚，23:00 過後營業至凌晨的居酒屋也不少，可以不停地續攤也不成問題。

國定假日

日本旅遊熱門，櫻花季或寒暑假常常機票一位難求，機票價格不低。提早計畫，避開旺季，旅遊品質會更好。日本黃金週 (4 月底 ～ 5 月初)、年末年始新年假 (12 月 29 日～ 1 月 3 日)，是日本人外出與返鄉的擁擠時間，日本國內移動常常出現新幹線一票難求、高速公路大塞車、跨年店家沒有營業的狀況……建議讀者多加留意日本國定假期，避免在這些時間前往旅遊。

外幣匯兌、提領日幣現鈔、電子支付

有不少海外信用卡或提款卡可直接在日本 ATM 自動提款機提領日幣，台灣金融卡、PLUS、CIRRUS 多支援此服務，日本的 7-11 與許多超商提款機也有此服務。赴日旅遊前可先到銀行開啟「國外提款」功能，以備不時之需。

可以參考日本當地銀行匯兌服務，但營業時間較短且假日不營業，光是排隊叫號、填寫申請書，就要花費較長時間；也可以考慮「金券屋」，但匯率不佳。因此，出發前準備好日幣現鈔，大筆消費時刷信用卡，搭配 ATM 跨國提款日幣現鈔，是比較好的辦法。

近來日本政府大力推動無現金支付，除了信用卡以外，西瓜卡 (Suica 卡) 等具電子錢包功能的 IC 交通卡，以及智慧型手機的電子支付都能在許多店家購物結帳。除了實體的 IC 交通卡，也可以下載 Suica APP，但需注意若綁定海外信用卡，則無法在日本使用；搭乘電車時把 Suica 卡加入「錢包」APP 後，卡片會預設為「快速模式」，通過剪票口時只需要感應即可通過。另外，LINE Pay 未來也可能支援跨境支付，不需另外下載 APP，更加方便，可多留意相關資訊。

網路

前往日本旅遊時，難免會有想要查詢路線與地圖、打卡與親朋好友分享心情的時候，日本雖然努力增加外國人能使用的公共 Wi-Fi，但訊號難以保證。近來電信業者在國際漫遊吃到飽也推出划算的方案，可以考慮或是準備 Wi-Fi 分享器。

店內餐飲與外帶稅率不同

日本自 2019 年 10 月起消費稅從 8% 提升至 10%，因輕減稅率的關係，購買食物類以及外帶餐飲時稅率是 8%，但在店內用餐、酒類、醫藥品等 10%。有些店家有露台座位，仍屬店家範圍，可別誤以為是店外，這也是要算 10% 消費稅。當店員詢問內用或外帶時，請誠實告知對方喔！

退稅

2018 年 7 月起日本觀光廳退稅新制度上路，在

日本可退稅店鋪標誌

同一家店同一天購物的消耗品 (化妝品、酒類、餅乾零食、香菸、健康食品) 與一般用品 (包包、衣服、鞋子、珠寶首飾、家電) 合計達金額 5,000 日圓以上，即可免稅。

旅遊小錦囊

依店家規定辦理免稅手續方式有兩種，付款時直接出示護照辦理，直接扣除 8% 消費稅後支付；或是先以含稅價格結帳後，到指定櫃檯出示商品、收據、護照，以現金退還消費稅。

購物享免稅需要注意的是，須出示本人護照且為本人辦理；若使用信用卡結帳，持卡人與辦理免稅者須為同一人，並且要當天購物、當天辦理。合併計算物品時，裝入免稅專用袋子裡的商品，於回國前，在日本當地無法使用。改制後，免稅明細也會以電子檔案保存傳送至海關，毋須在護照上夾帶紙張。

天氣

靜岡縣東西寬廣，冬天有些地方會下雪 (御殿場、小山町、伊豆天城山區、靜岡市中間山區、南阿爾卑斯山區)，靜岡市區、清水少受影響，但濱松也有可能會下雪，自駕的旅人們需要更加注意行車安全，即使沒下雪，路面也可能會有凍結的情況。日本氣象頻繁更新資訊，準確度非常高，建議出發前或在旅途中查詢天氣預報，彈性調整行程。

🌐 weathernews：weathernews.jp/map/#//c=47，日本yahoo：weather.yahoo.co.jp/weather/jp/22

無障礙空間

較新的設施、飯店會設置無障礙空間，但因為中文資料較少，可以用「車椅子」、「バリアフリー」、或「步行の不自由」等關鍵字搜尋。

靜岡縣內主要景點無障礙空間說明		
景點／設施	情形	說明
河岸の市海鮮市場	○	平坦道路
清水夢幻廣場	○	可推輪椅在港邊周圍散步，看海跟富士山
清水港遊覽船	○	若有同行的人協助，輪椅可通行
駿河灣渡輪	○	有電梯，也有輪椅可進出的廁所，可向工作人員請求協助
久能山東照宮	✕	不推薦，階梯處太多
JR靜岡站、JR清水站	○	有電梯
靜岡鐵道 新靜岡站、新清水站	○	可請站務員協助(入江岡站高低差很多、沒電梯，且是無人車站，不利於行動不便者)
大井川鐵道	▲	一般折疊式的輪椅可以上蒸汽火車，動輪椅無法上車(車門較狹窄)。若有同行者陪伴協助，應該沒有問題
富士山靜岡空港	▲	從靜岡機場前往靜岡車站的機場巴士屬大型遊覽車，沒有無障礙服務。請先從靜岡機場搭乘公車至JR島田站，再轉JR至靜岡站或其它地方

○：有　▲：視情況　✕：無

＊製表：Kayo

✿ 住宿情報

前往靜岡時，可以參考以下住宿，都是作者認為品質不錯，頗有保障的旅館喔！

地點	名稱	網址
伊豆半島		
下田市	黑船Hotel	www.kurofune-hotel.com
修善寺溫泉	湯回廊 菊屋	www.hotespa.net/hotels/kikuya
靜岡縣東部		
沼津	靜鐵商旅Prezio 沼津	www.hotel-prezio.co.jp/numazu
靜岡中部		
靜岡市	Hotel Quest清水	hotelquest.co.jp
靜岡市	Hotel Vista清水	www.hotel-vista.jp/shimizu
靜岡市	日本平飯店	www.ndhl.jp
靜岡市	靜鐵商旅Prezio 靜岡站北	www.hotel-prezio.co.jp/ekikita
靜岡市	靜鐵商旅Prezio 靜岡站南	www.hotel-prezio.co.jp/ekinan
靜岡市	日本色	nihoniro.jp
藤枝市	Hotel Ole	www.hotel-ole.com/stay
靜岡西部		
濱松市	Hotel Concorde濱松	concorde.co.jp

＊製表：Kayo

Hotel Concorde濱松鄰近濱松城，可從飯店眺望濱松城

黑船Hotel和式房間

黑船Hotel窗外就是下田港

Kayo日本慢活旅行提案

推薦靜鐵商旅Prezio

Prezio為靜鐵集團所經營的商務旅館，靜岡縣內共3家，都位在離車站徒步5分鐘內，交通便捷之處。JR靜岡站南口與JR沼津站的兩館比較寬敞，還有設置無障礙空間專用房。

靜鐵商旅Prezio沼津

|世界主題之旅117|

靜岡喔嗨唷！

作　　　者　Kayo

總　編　輯　張芳玲
發 想 企 劃　taiya旅遊研究室
編輯部主任　張焙宜
企 劃 編 輯　詹湘伃
主 責 編 輯　詹湘伃
修 訂 主 編　鄧鈺澐
封 面 設 計　簡至成
美 術 設 計　簡至成
地 圖 繪 製　涂巧琳

靜岡喔嗨唷！
（全新增訂版）

pse.is/4dtzyf

太雅出版社
(02)2368-7911　FAX：(02)2368-1531
E-mail：taiya@morningstar.com.tw
郵政信箱：台北市郵政53-1291號信箱
太雅網址：http://taiya.morningstar.com.tw
購書網址：http://www.morningstar.com.tw
讀者專線：(02)2367-2044、(02)2367-2047

出 版 者　太雅出版有限公司
　　　　　106台北市辛亥路一段30號9樓
　　　　　行政院新聞局局版台業字第五〇〇四號

總 經 銷　知己圖書股份有限公司
　　　　　106台北市辛亥路一段30號9樓
　　　　　TEL：(02)2367-2044／2367-2047　FAX：(02)2363-5741
　　　　　E-mail：service@morningstar.com.tw
　　　　　網路書店：http://www.morningstar.com.tw
　　　　　郵政劃撥：15060393(知己圖書股份有限公司)

法 律 顧 問　陳思成律師
印　　　刷　上好印刷股份有限公司　TEL：(04)2315-0280
裝　　　訂　大和精緻製訂股份有限公司　TEL：(04)2311-0221

二 版 二 刷　2023年03月15日
定　　　價　380元

國家圖書館出版品預行編目(CIP)資料

靜岡喔嗨唷! / Kayo作. – 二版. – 臺北市：太雅
出版有限公司, 2022.10
　　面；　公分. – (世界主題之旅；117)
ISBN 978-986-336-426-9(平裝)

1.CST: 旅遊 2.CST: 日本靜岡縣

731.74709　　　　　　　　　　111011868